1983

Yannick Noah
et Antoine Benneteau

1983

Flammarion

ISBN : 978-2-0802-8424-2

Avant-propos

Le plus important, c'est ce qu'il s'est passé « autour » : autour de Yannick Noah, autour du court central de Roland-Garros, autour de ce retour de coup droit trop long de Mats Wilander ce 5 juin 1983. C'est lui qui me l'a soufflé quand je l'ai interviewé pour la première fois, il y a quatre ans. Je n'avais pas saisi tout le sens de ce mot, « autour », puis je l'ai recroisé : en soirée (souvent) et lors d'entrevues plus formelles pour l'objet que vous tenez entre les mains. Et j'ai compris. Derrière « autour », cet adverbe inesthétique, il s'en cachait d'autres, plus jolis : avant, après, ailleurs, ensemble.

Je me suis donc plongé dans l'« avant » : de sa rencontre avec Arthur Ashe quand il avait dix ans à cette sieste si particulière juste avant la finale. Puis j'ai dû recoller les morceaux de l'« après » : de son étreinte avec son père sur le court central jusqu'à son rôle de chef de village africain aujourd'hui. Il a aussi fallu que je me rende

« ailleurs » : Sedan, Yaoundé, Nice, Nainville-les-Roches, New York, Phoenix… Et puis j'ai voulu rencontrer son « ensemble » : ses potes, ses femmes, ses adversaires, ses enfants et ses parents, qui ne sont plus là.

Autant être honnête : je l'ai fait par pur égoïsme. C'est le seul moyen que j'ai trouvé pour me plonger dans cette période où je n'existais même pas. J'en ai bien sûr entendu parler des centaines de fois. Mais j'aurais tant voulu y être… en être. Je suis fasciné par ce qu'il s'est passé parce que je suis persuadé que je viens un peu de là, moi, l'amoureux du tennis né trois ans après. Combien d'histoires ai-je écoutées ? Sont-elles toutes vraies ? Y en aurait-il d'autres, moins avouables ? L'homme a une fâcheuse tendance à édulcorer.

Je me souviens de ma première fois avec Yannick. Chaque année, il organisait pour ses potes et lui une semaine en péniche, qu'il pilotait lui-même. Au programme : navigation et golf la journée, bons restos le soir. Août 2014, je les retrouve à Strasbourg, alors que leur bateau mouillait dans un affluent de l'Ill, en dehors de la ville. Mon meilleur ami faisait partie de sa bande. Je me trouvais par accident au même endroit au même moment. La vie est souvent une question de timing.

Après les digeos offerts par une taverne accueillante, la nuit strasbourgeoise appelait le groupe. Je me retrouve derrière lui dans la voiture, côté passager. Nous voyons tous les deux une jolie fille par la fenêtre, sur le trottoir, devancée par son petit ami. Celui-ci voit nos regards insistants et nous insulte. Yannick baisse sa vitre :

— Bah quoi ? Elle est belle, ta femme, normal qu'on la regarde !

— Oh putain, Yannick Noah ! s'exclame le type, soudain moins énervé.

Cette nuit-là, il n'a pas refusé un seul selfie ni un seul sourire. Il a dansé au milieu de tout le monde, il a bu comme tout le monde et il avait quinze ans, comme tout le monde. Une fois les derniers clients de la boîte partis, nous avons traîné encore un peu, puis il a invité tout le staff restant sur son embarcation. Il ne fallait pas que la nuit se termine. Nous avons donc attendu le petit matin.

Parfois, ce côté bienveillant a pu agacer. La bien-pensance n'est pas à la mode. Mais, pour lui, le bonheur se partage. Il en a même le sourire : ce diastème le plus connu de France, avec celui de Vanessa Paradis, cet espace inter-incisives qui rend les sourires si lumineux, comme une fêlure qui laisse passer la lumière, dirait Michel Audiard.

1983. L'année qui a vu mourir Louis de Funès, Raymond Aron et Joan Miró, entre autres. Qui a vu naître Franck Ribéry, Amy Winehouse ou Laura Smet, entre autres aussi. Klaus Barbie se faisait enfin arrêter en Bolivie. Les socialistes étaient au pouvoir et décidaient, le 23 mars, le tournant de la rigueur. Les premiers résultats des recherches autour d'un virus qu'on appelait LAV, et qui s'appelle maintenant HIV, ont été publiés. Et deux mois après la victoire de Yannick, Laurent Fignon remportait le Tour de France lors de sa première participation.

5 juin 1983, 17 h 32. Internationaux de France, finale simple hommes. Court central de Roland-Garros. 6/2, 7/5, 6/6. Service Noah. Wilander sort son retour de coup droit, et le stade explose. Yannick – Yann, pour les potes – lui serre à peine la main et se jette sur son père qui vient de sauter sur la terre battue depuis les tribunes. Ou c'est plutôt son père qui se jette sur lui. Nous connaissons ces images par cœur, comme les deux buts de Zinedine Zidane en finale de la Coupe du monde en 1998, comme la course d'un Christophe Dominici aux mèches peroxydées lors de son essai face aux Blacks en 1999, comme Marie-Jo Pérec à Barcelone en 1992, ou comme David Douillet qui lève les bras aux JO à Atlanta en 1996. Ces moments de sport font partie de nous.

En 1983, Yann a partagé son rêve avec 50 millions de Noah, et c'est le plus important pour lui. Lui, l'héritier d'Arthur Ashe, qui sait trop l'impact que peut avoir un tel moment sur un gamin. Lui, le métis que ses potes appellent Bamboul', qui reçoit des lettres racistes et qui devient le symbole d'une nation, autour duquel les Français vont se rassembler. Lui, le leader d'un tennis français qui n'avait pas gagné depuis Marcel Bernard en 1946, et qui n'a toujours pas gagné de Grand Chelem chez les hommes depuis.

C'était il y a quarante ans.

Et c'était tout sauf un accident.

Antoine Benneteau

« Je me suis offert la formidable occasion de dire “je t’aime” à mon père devant quinze mille personnes. »

YANNICK NOAH

Chapitre 1

Pionnier

« Suivre le chemin d'un guide, suivre l'histoire de quelqu'un qui l'a fait avant toi te délivre des informations. Moi, je n'avais personne. Les gens parlent beaucoup de l'importance d'Arthur [Ashe] pour moi, mais Arthur, faut pas se tromper, ce n'est pas comme si j'avais vécu avec lui ! Quand j'ai débarqué en France, tout était nouveau. Chaque étape était nouvelle. Dès mon premier jour en pension à Nice. Même avant les pensions, d'ailleurs, quand je faisais des stages à Paris, déjà, c'était nouveau aussi. D'arriver dans un groupe de jeunes et, tout à coup, d'être le seul non-Blanc. Pas de stress, je suis môme. Mais c'est quand même étrange. Ils parlent un français parfait… Moi, j'ai un petit accent camerounais. Je les intrigue, ils me questionnent : "D'où tu viens ?", "Comment c'est, l'Afrique ?" Pour eux aussi, c'est nouveau. Il y avait une différence. Pas négative, mais elle était déjà présente alors que je n'avais pas encore tapé une balle.

« Et puis, il y avait l'Afrique, ressentir le manque de la famille. Si j'étais là, ce n'était plus juste pour faire un stage ; j'étais là parce que mes parents s'étaient sacrifiés pour que j'aille au bout de ma passion. Ça, je le sentais bien. Je le sentais aussi quand je retournais au club de mon enfance, à Yaoundé, et que, forcément, j'avais progressé. J'avais quoi, treize, quatorze ans. Les copains étaient impressionnés par mes progrès. J'avais trois heures de cours par jour, tous les jours, et ça, ça les scotchait. "Waouh, comment t'as progressé ! Tu joues bien !" Alors je jouais aussi un peu pour mes potes que j'avais laissés… Eux aussi, ils étaient là pour moi. Quand je jouais, même s'ils n'étaient pas présents au stade – parce qu'il est à 7 000 bornes de chez eux –, ils étaient tous devant leur radio, leurs petites télés avec des cintres en guise d'antennes au bord de la route… Pendant le quart de finale [de Roland-Garros contre Ivan Lendl], il n'y avait personne dans les rues de Yaoundé, parce que les gens regardaient le match. Ça, ça porte. »

« Parfois, une conversation de quelques minutes peut changer beaucoup de choses. Un petit rien peut même tout changer. »

YANNICK NOAH

Chapitre 2

Perdre à la française

« Gamin, durant tout mon parcours, mon apprentissage en France, les Français perdaient. Toujours. On me parlait des Mousquetaires, mais les Mousquetaires, pour moi, c'était complètement abstrait ! Marcel Bernard aussi, c'était abstrait, même si je connaissais son histoire. Je connaissais ce vieux monsieur et j'avais beaucoup d'affection pour lui – j'étais plutôt bien éduqué *(rires)* ! Mais ça me saoulait… »

« Les Quatre Mousquetaires » est le surnom donné, en référence aux personnages d'Alexandre Dumas, à l'équipe de France de tennis qui a remporté la Coupe Davis six fois consécutives de 1927 à 1932. Composée de René Lacoste, « le Crocodile », Jean Borotra, « le Basque bondissant », Henri Cochet, « le Magicien » et Jacques Brugnon, dit « Toto », l'équipe remporta durant les années 1920 et 1930 une quarantaine de tournois du Grand Chelem en simple comme en double.

Quant à Marcel Bernard, il est le dernier joueur de tennis français à avoir remporté un tournoi du Grand Chelem, Roland-Garros qui plus est, en 1946.

« Les mômes de maintenant vivent la même chose et toute la nouvelle génération la vivra elle aussi. On les saoule avec Leconte, Forget, Noah… Tu sais pourquoi ça les saoule ? Parce qu'on ne les leur présente même pas, alors que nous, on est encore vivants, contrairement aux Mousquetaires et à Marcel. On n'a jamais la possibilité de les rencontrer, de leur dire : "Salut mec, viens, on va boire un pot." Moi, aujourd'hui, je suis devenu le vieux con qui passe à Roland, qui dit bonjour à des gens qui ne le connaissent pas ou qui n'osent pas l'aborder, et que je ne connais pas moi non plus, ou à peine. Or il y aurait moyen de créer des moments, des rencontres utiles pour ces jeunes joueurs. Parfois, une conversation de quelques minutes peut changer beaucoup de choses. Un petit rien peut même tout changer.

« On n'a pas l'éducation de la gagne, en France, on n'a pas un environnement de la gagne. Dès qu'un gars joue bien, OK, rien à ajouter, et dès qu'il perd… rien non plus, c'est presque entendu, c'est "comme d'hab". Et ça dure depuis quarante ans ! Même quand tu gagnes, la victoire n'est pas toujours célébrée. À l'époque, c'était pire que maintenant ; depuis, le sport français a remporté quand même deux, trois belles victoires, deux

Coupes du monde par exemple. Mais même aujourd'hui, quand on arrive en finale de la Coupe du monde [en 2022], c'est limite un non-événement. Quand on voit ce qu'il se passe au Maroc quand l'équipe nationale se qualifie pour les demi-finales, ou en Argentine… Chez nous, on a presque envie de se dire qu'on ne mérite pas de gagner puisqu'on n'a pas l'air de la vouloir vraiment, cette victoire. Dans ces conditions, tu ne peux pas demander aux joueurs d'en vouloir plus que les supporters. Alors, bien sûr que, quand l'équipe de France gagne, les gens descendent sur les Champs-Élysées, mais quand tu regardes ailleurs…

« Et c'est pire quand tu pratiques un sport individuel. J'étais une star qui paumait, comme tous les Français, et ça me saoulait bien. Ça me saoulait bien parce qu'il y avait en moi ce côté *beautiful loser*, cette idée qu'"on a perdu, mais c'était quand même vachement bien"… C'est insupportable, ce scepticisme. Et quand c'est inconscient, être entouré de cette *vibe*, c'est fou… Mais tout l'environnement en France est comme ça. Et revient sans cesse dans le tennis. »

« Oui, Simonne Mathieu,
ça m'a bien gonflé. »

YANNICK NOAH

Chapitre 3

Quarante ans

Le 5 juin 2023, la victoire de Yannick à Roland aura quarante ans. Quarante ans qu'il est le seul tennisman français à avoir remporté le tournoi de la porte d'Auteuil ou tout autre tournoi du Grand Chelem. Pourtant, jamais cette victoire historique et unique n'a été célébrée comme elle le méritait.

« Au fur et à mesure qu'approche la date anniversaire, c'est plein d'émotions différentes en même temps. D'abord, j'ai envie de dire : on fête. Mais il a fallu attendre quarante ans quand même pour que le monde du tennis organise quelque chose. Je ne revendique rien, je suis complètement détaché de tout ça depuis très longtemps maintenant, mais je trouve incroyable que ceux qui gagnent ne soient pas plus mis en avant. Moi ou les autres.

« Il y avait eu une espèce de "bricolette" pour les trente ans. Mimi [Michel Grach, vous le rencontrerez plus loin dans le livre, est un proche de Yannick, et a occupé le poste de directeur média et partenariats à la Fédération française de tennis] était encore à la fédé. Il m'appelle la veille du 5 juin, me dit : “Écoute, il y a une présentation d'anciens”, je comprends que c'est fait à l'arrache mais j'accepte. J'arrive et je me fais à moitié siffler… Je l'ai fait pour Mimi.

« En fait, je ne vais plus tellement à Roland… L'histoire, c'est qu'il y a environ six mois, je vais voir un match de boxe organisé à Roland-Garros avec Eleejah et Joalukas [deux de ses enfants]. C'est la première fois que je me rends sur place avec mes gosses. Une fois là-bas, je m'aperçois qu'il n'y a rien, pas une trace de ma victoire. Ça m'a fait bizarre… Et donc quand Gilles Moretton, le président de la FFT, m'a annoncé qu'ils allaient faire… un objet, quelque chose, je me suis dit : “Moi, un jour, je vais crever. On a beau dire et répéter que j'ai gagné, quand mes gosses viennent, il n'y a rien…”

« Ce qui va se passer cette année est symbolique, parce que ça correspond aux quarante ans. On aurait tout aussi bien pu marquer le coup il y a trois, cinq, neuf ou quinze ans, mais c'est vrai que quarante ans, c'est plus exceptionnel… En général, quand sont organisées des célébrations comme celle-là, les gars sont morts, moi, au moins, j'aurai la possibilité de le voir de mon vivant, et c'est cool. »

En 2019, Roland-Garros voit sortir de terre un troisième court de tennis d'une capacité de plus de cinq mille places, après les courts Philippe-Chatrier et Suzanne-Lenglen. Ce court est baptisé « court Simonne-Mathieu », en hommage à l'ancienne joueuse de tennis française, vainqueure des Internationaux de France en 1938 et 1939, qui a créé et dirigé le Corps des volontaires françaises pendant la Seconde Guerre mondiale. Un choix qui n'a pas été du goût de Yann.

« Oui, Simonne Mathieu, ça m'a bien gonflé. Parce que moi, Simonne Mathieu, avec tout le respect que je lui dois, je ne la connais pas. Avant que le court sorte de terre, personne ne savait qui c'était ! Je ne vais pas en faire un flan, mais ça m'a fait quelque chose, que les personnes qui décident ne m'aient pas dit : "Tiens, est-ce que c'est quelque chose qui te ferait plaisir ?" ou "Est-ce que tu penses que…" ou "En tout cas il y a eu un débat…" Non, rien. Nouveau court : Simonne-Mathieu. OK. »

« Tu devrais rentrer, Yann.
Va te coucher.
— Ça va, je joue le vieil Espagnol,
je vais lui mettre une branlée. »

Alain Phitoussi et Yannick Noah

Chapitre 4

Monaco, avril 1983

« Tu devrais rentrer, Yann. Va te coucher.

— Ça va, je joue le vieil Espagnol, je vais lui mettre une branlée. »

Ce jour-là, le 30 mars 1983, Yannick rentre à 5 heures du matin du Love's. Dans quelques heures, il joue un quart de finale du tournoi de Monte-Carlo contre Manuel Orantes, qui est sur la fin de sa carrière. L'Espagnol aurait pu incarner le méchant dans un *James Bond* : épais sourcils noirs, nez de boxeur, fossette au menton et mâchoire carrée ; la gueule d'un type à prendre au sérieux. Noah fait un match catastrophique et perd en trois sets, 2/6, 7/6, 6/3.

La veille, il était avec Alain Phitoussi, dit Phitouss', l'un de ses quatre compères historiques. Patrice Hagelauer, son entraîneur, est furieux : il sait que Yannick est sorti faire la fête. La défaite, en elle-même, « Hagel' » s'en moque. Mais les objectifs fixés en début de saison sont clairs, et il sent que Noah peut tirer son épingle du jeu à Roland-Garros.

« On ne s'est pas engueulés. Je me suis fait engueuler ! Il avait raison. On s'était pas mal entraînés. Il y a eu un avant et un après 1982. Avant 1982, quand on jouait à Roland, c'était pour aller le plus loin possible, pas pour gagner. En 1983, c'est pour gagner. Donc on avait commencé à se préparer. Et à Monte-Carlo, j'ai déconné. Orantes, c'était imperdable ! Sur terre, il était déjà quasi retraité. Et en plus il fait un mauvais match...

« Bref, Hagel' m'engueule. C'est drôle comme parfois des problèmes peuvent devenir des opportunités. Je pense que ç'a été une vraie piqûre de rappel : non seulement j'avais déconné, mais en plus de ça je risquais de perdre mon pote entraîneur. On est à deux dans ce projet et je le plante. C'est à ce moment-là, après la déconnade et l'engueulade qui a suivi, que j'ai fait ce que je n'avais jamais fait de ma vie, à savoir penser à un objectif, Roland-Garros, deux mois avant et tout le temps. Et je ne l'ai plus jamais fait après !

« L'entraînement n'est pas facile : jouer des matchs, gagner des matchs, aller courir ensuite. Après chaque match, quelle que soit la durée, faire 8, 10 bornes en courant, puis abdos, pompes, tout le temps. Donc quand on est arrivés au stage de préparation avant le tournoi, j'étais déjà très en forme. »

« Ça m'a impressionné : il n'avait pas treize ans et sa technique était déjà bien en place. Une technique pure. Un beau jeu. »

PATRICE HAGELAUER
À PROPOS DE YANNICK NOAH

Chapitre 5

Hagelauer, les débuts

Jeune, Patrice Hagelauer était colérique. On a du mal à le croire quand on passe plusieurs heures à écouter sa voix douce raconter ses souvenirs avec passion. Je me suis entretenu avec lui pendant près de trois heures dans le bar anglais de la Croix-Catelan, le site historique du Racing Club de France devenu le Lagardère Paris Racing. C'est le club de Yannick à Paris. Patrice Hagelauer, dit Hagel', est très respecté dans le milieu du tennis car, après Yann, il a entraîné plusieurs de nos champions français. Après tout, il est le seul entraîneur à avoir remporté un tournoi du Grand Chelem, chez les hommes, avec un joueur français. Il se souvient de tout. Parfois même de trop.

« Quand Yannick est arrivé en France, envoyé par Arthur Ashe et Philippe Chatrier, il n'avait pas treize ans. Il se retrouve donc entraîné par Patrice Beust, à Nice. C'était le seul tennis-études national à l'époque. Quelques années auparavant, lors des jeux Olympiques de Rome, les Français avaient pris une belle déculottée [cinq médailles au total et aucun titre olympique toutes disciplines confondues], et le directeur des sports de l'époque, qui était quasiment le ministre, le colonel Crespin, et le directeur technique national, Gilles de Kermadec, avaient évoqué l'idée que le système scolaire français ne permettait pas aux jeunes de faire du sport et qu'il fallait trouver une solution. Ce fut le sport-études. Et un des premiers sport-études lancés a été le tennis-études du Parc impérial, à Nice, avec Patrice Beust comme responsable. Il y avait là un peu tous les espoirs français : Gilles Moretton, Dominique Bedel, Jean-Louis Haillet... Yannick était le plus jeune.

« Un jour, je remplace Patrice Beust qui doit partir pendant trois semaines avec les joueurs à l'Orange Bowl. C'est la première fois que j'ai vu Yannick. Patrice leur interdisait de jouer au foot, il craignait qu'ils ne se blessent. Donc, quand je débarque, je m'attends à trouver Yannick et les autres gamins qui ne sont pas partis pour l'Orange Bowl, et ils ne sont pas là. On me dit qu'ils sont en train de jouer au foot sur le stade qui est juste devant le lycée du Parc, avec la piste d'athlétisme. J'arrive et je les vois tous partir comme une volée de moineaux ! J'aperçois le petit Yann planqué derrière un palmier. Je les appelle : “Venez, venez !” Ils ont tous cru que j'allais les engueuler !

« Je ne les connaissais pas, je voulais les voir à l'entraînement. Yannick ne disait pas un mot, un peu intimidé, très bien élevé. On a commencé à bosser ensemble et je l'ai découvert, humainement comme sportivement. Et pendant trois semaines, je me suis régalé. Je remarque tout de suite, comme tout le monde, que le gamin possède une très belle technique – une sorte d'Arthur Ashe en miniature –, très classique : un revers coupé impeccable, un coup droit avec une belle amplitude, son service était magnifique, il ne ratait pas une volée. Ça m'a impressionné : il n'avait pas treize ans et sa technique était déjà bien en place. Une technique pure. Un beau jeu. Bien sûr, on sait que ça ne fait pas tout, mais ça fait déjà plaisir. Patrice Beust m'avait prévenu : "Tu vas voir, Yannick est incroyable parce qu'il veut tout le temps jouer. Tu termines le soir à la nuit tombée, tu pars pour le vestiaire et lui, il est encore sur le court, il fait des services." C'est aussi ce que j'ai constaté. Je ne le forçais à rien, mais chaque fois qu'on terminait les séances, il continuait à s'entraîner.

« C'est un trait de caractère que j'ai pu noter très tôt, et qui a perduré tout au long de sa carrière : durant les tournois, en tournée, partout, tout le temps, il s'entraînait. Yannick était toujours le premier sur le terrain et le dernier à le quitter. Il voulait y arriver et faisait tout pour. J'ai toujours eu conscience que la qualité première, chez un gamin ou un adulte, c'est l'ambition. Dès le départ, il avait ce rêve ancré en lui. Je le sentais fort, chez Yannick !

« Je remercie Patrice Beust, non seulement parce qu'il a été un entraîneur fabuleux, mais aussi parce qu'il a tenu le rôle de père de famille avec le petit Yannick. Je remercie d'ailleurs toute la famille : Sylvie, sa femme, leurs deux fils, comme deux frères pour Yannick. Parfois, il passait même une partie du week-end chez les Beust. C'est un soutien affectif énorme qu'a apporté Patrice. Pour quelqu'un comme Yannick, qui était loin de chez lui, loin de sa famille, c'était essentiel.

« Bien sûr, à quelques occasions dans ma carrière, j'ai eu des soucis avec Yannick, notamment lorsqu'il perdait un peu et que la motivation était en baisse. J'ai dû mener des batailles contre lui, des bras de fer. Une fois ou deux, je n'ai plus voulu entendre parler de lui pendant plusieurs semaines. Mais il comprenait tout de suite, pas besoin de longs discours. Juste : "Yann, là, t'es pas Yann, donc on ne peut pas bosser. Moi, je veux retrouver Yann pour bosser. Sans quoi je ne sers à rien." Et ça repartait. »

« J'étais détaché du ministère
de la Jeunesse et des Sports
à la Fédération française de tennis,
j'avais le salaire d'un prof de gym
premier niveau… mais je m'en
foutais, je menais une vie de folie. »

PATRICE HAGELAUER

Chapitre 6

One to one

Patrice Hagelauer commence à travailler avec Yannick quand il a dix-sept ans, entre 1977 et 1978. Ils sont basés à Roland-Garros. Mais le centre de formation de Roland-Garros à l'époque n'a pas grand-chose à voir avec le site dernier cri des années 2020.

« Là où il y a le parking aujourd'hui étaient tendues deux toiles sur du bois ; on avait réquisitionné les toilettes qui étaient au coin du court central pour les transformer en minuscule salle de gym. Frédéric Roche, un professeur d'EPS qui avait fait l'INSEP avec moi, travaillait à mes côtés comme préparateur physique. On s'entraînait là, sans chauffage, avec pas grand-chose. Il faisait plus froid à l'intérieur qu'à l'extérieur !

« Entraîner Yannick était compliqué pour moi, parce que j'étais professeur d'éducation physique, et non salarié de la fédération. J'étais détaché du ministère de la Jeunesse et des Sports à la Fédération française de tennis, j'avais le salaire d'un prof de gym premier niveau – quand je vois le salaire des entraîneurs aujourd'hui… Mais je m'en foutais, je menais une vie de folie.

« Je dépendais donc du ministère. Et, à cette époque-là, demander au ministère de faire un *one to one*, c'est-à-dire travailler en exclusivité avec un athlète, c'était compliqué. Il a fallu que Jean-Paul Loth et Philippe Chatrier aillent négocier et l'administration a fini par accepter.

« Je suis donc parti seul avec Yannick. Après des débuts médiocres, Yannick a commencé à gagner. Tout le monde était content ; nos victoires validaient notre système hors des clous. »

« C'était ça, imposer son jeu.
Être un attaquant, le meilleur
attaquant du monde. »

PATRICE HAGELAUER

Chapitre 7

Désillusion

La discussion dure, son enthousiasme est là. Je lui demande de parler de Yannick, il me parle de lui. Et c'est bien normal ; ils sont liés à vie. Arrive 1983.

« J'ai toujours cru qu'au tennis, à cette époque du moins, un attaquant pouvait battre un défenseur. On passait des heures à travailler le service, les enchaînements service-volée, les montées à la volée, et surtout le travail à la volée, les volées longues, les volées amorties, tout en avançant. Quand il était près du filet, je lui faisais des lobs pour qu'il smashe derrière, puis il remontait à la volée, à droite, à gauche, encore. Je lui avais dit : "Yannick, il faut que, dans ta tête, tu aies le sentiment d'être impossible à passer. Le mec ne peut pas te passer, que ce soit par en haut, à droite ou à gauche. Tu es impassable. Tu as une détente phénoménale, tu décodes très bien où l'adversaire va jouer, donc tu es impassable. Et ton jeu sera toujours un jeu d'attaquant, tourné vers l'avant. Pour être une sorte de bulldozer, il faut que tu empêches l'autre de jouer."

« Bien sûr, Yannick était un très bon défenseur. Il couvrait un terrain fou à l'arrière. Mais après trois jeux ou un set à ce rythme, il était cuit. Ce n'était pas son jeu. Au contraire ! Son jeu, c'était de faire des échanges courts. Et donc on passait beaucoup, beaucoup de temps à ce qu'il impose son jeu, quoi qu'il arrive. Nous avions Yannick et moi tout un arsenal de gestes pour pouvoir communiquer durant les matchs. Et quand je le voyais qui jouait contre des joueurs comme Vilas et qu'il commençait à tomber dans leur jeu, depuis les tribunes, je claquais des mains pour dire "attaque, attaque !" En permanence, je voulais qu'il empêche l'autre de jouer. C'était ça, imposer son jeu. Être un attaquant, le meilleur attaquant du monde.

« Printemps 1983. La saison sur terre, pour moi, c'était une saison clé. Le premier tournoi sur terre battue, c'est celui de Monte-Carlo. Malgré toute notre préparation sur terre battue, déception : Yannick fait un mauvais tournoi. Arrivé en quart de finale contre Manuel Orantes, qui était vraiment sur le déclin, il perd. Contre Orantes… Mais Yannick, cette semaine-là, n'était pas comme d'habitude. Ce n'était pas Yannick… J'ai donc eu une discussion avec lui. À cette époque-là, avec lui, les discussions n'étaient jamais très longues. Mais je voulais marquer le coup. Je lui ai dit : “Écoute, Yann, c’est simple, on a six ou sept semaines devant nous. Ou t’es Yannick Noah, tu t’y mets à 100 %, et tu gagnes Roland ; ou tu ne gagneras pas Roland. C’est très simple. Si tu veux gagner Roland, ce qui est le rêve de ta vie, et si tu te décides là, maintenant, voilà le programme. Il est très simple : voilà les tournois – deux en Espagne, un à Hambourg, et ensuite Coupe des nations à Düsseldorf –, voilà les entraînements.”

« Après sa victoire à Madrid, nous voilà à Hambourg au début du mois de mai 1983. Il faisait froid, humide. Yannick joue contre Juan Aguilera, un Espagnol qui lui donne du fil à retordre, et perd le deuxième set. Mais le match est arrêté par la pluie et la nuit. Yannick sort du terrain, défait, et me dit : “Je n’aurais pas dû venir, il fait mauvais.” Alors je lui réponds : “C’est très simple : si, quand tu perds un set, tu n’arrives pas à te reprendre, tout ça parce qu’il fait un peu mauvais, un petit peu froid, ce n’est pas Yannick, ça. Ce n’est pas toi. Ou tu te reprends vraiment, et demain tu lui fous une branlée et tu gagnes le tournoi, ou ce n’est plus possible. C’est justement le tournoi où il faut que tu en imposes aux autres. Ils sont tous là : Vilas, Wilander… Il faut que tu les plantes. Il faut que tu gagnes ce tournoi.” Et le lendemain, non seulement il gagne le match, mais il bat Mats Wilander, en quart, 6/4, 6/4, de belle manière en plus – il est à la volée tout le temps, il le bouscule, il l'empêche de jouer. Quand il bat Wilander ce jour-là, il met fin à une série de quarante-quatre victoires du Suédois. À l'époque, sur terre battue, Wilander, c'est Rafa. Et, le 15 mai, il remporte le tournoi contre l'Espagnol José Higueras, bon joueur de terre lui aussi.

« Durant cette semaine, il s'est vraiment passé quelque chose dans la tête de Yann. C'est d'ailleurs une des rares fois où, vainqueur, il s'est emparé de la coupe et m'a fait un signe de la tête, style : "Je t'ai fait chier pendant tout le truc, mais on a gagné." »

« Le numéro 1 français Yannick Noah, qui doit disputer ce tournoi [Hambourg], s'est vu infliger 6 000 dollars, au total, d'amendes par le superviseur de la Coupe du monde des nations de Düsseldorf pour ne pas s'être présenté. Noah, qui a invoqué des maux d'estomac pour justifier son absence, risque en outre une suspension de vingt et un jours qui ne remettrait pas en cause sa participation à Roland-Garros. »

Le Monde, 11 mai 1983

Chapitre 8
Nation's Cup

De cette Coupe du monde de tennis qui a lieu du 2 au 8 mai à Düsseldorf, le public se souvient plus de la disparition de Yannick Noah en plein tournoi que du vainqueur, l'Australie. Patrice Hagelauer nous donne sa version des faits.

« Avant Hambourg, il s'est passé un truc qui m'a gêné. La Coupe des nations avait lieu à Düsseldorf. C'était un peu l'ATP Cup. C'était un tournoi de préparation. Les gars avaient une petite garantie, il y avait quelques prix à gagner. Mais le problème, c'est que cette Coupe des nations était organisée à la fois par l'ATP et la Fédération Internationale [Philippe Chatrier était le président des deux institutions]. Yannick y participe, joue la première rencontre, la gagne. Le lendemain, il doit jouer une autre rencontre… et pas de Noah. La presse, le monde s'agitent. Je demande des explications à Yann. Qui me dit : "Un truc incroyable s'est passé avec Jill, et j'ai loupé mon train…" »

Voici la version de Yann.

« Dans ma préparation, il y avait la Nation's Cup. Je suis vraiment à fond, je viens de gagner des gros tournois et je me retrouve à cinquante dans des club-houses, il pleut, je ne peux pas m'entraîner comme je veux… Je joue des matchs sur les courts annexes ; rien à voir avec la terre battue que je retrouverai à Roland dans quelques jours. Je gagne le premier match, Pascal Portes perd le sien. Puis on perd le double. Deuxième match : on le perd aussi. Puis vient le match pour la dernière place, contre l'Allemagne. Entre le moment où on perd, disons le jeudi, et où on joue la dernière place, le samedi, il pleut tout le temps. Tous les joueurs sont là et pas un seul court couvert, donc je rentre à Paris pour taper des balles. La veille du match, c'est ma dernière soirée avant un mois. Je sors. Et quand je rentre à la maison, je laisse un message au staff resté à Düsseldorf : "Écoutez, il y a Bedel, Fritz. Remplacez-moi, les gars, parce que là…" Je ne sais même pas s'il y en avait un qui jouait Roland ! Sauf que le match est programmé sur le Central, parce que je joue l'Allemand Damir Keretić… (je crois qu'il a arrêté le tennis le lendemain). Et au lieu de commencer le match, les commentateurs, la presse sur place font tout un cinéma : "On l'attend, on l'attend." J'étais à Paris ! Ils m'ont bien enflé. »

« Tu sais quoi ?
On va au Cameroun,
on peut vivre tranquille trois,
quatre ans, j'apprends la guitare,
toi, tu continues à jouer
de la batterie, on monte un groupe,
on fait de la musique… »

YANNICK NOAH À MOUL', À QUELQUES SEMAINES DE ROLAND-GARROS

Chapitre 9

Saint-Germain-des-Prés, mai 1983

Voilà ce qu'il s'est réellement passé. Yannick n'est pas rentré à Paris à cause du mauvais temps ou pour voir Jill, mais pour une autre femme. Il avait envie de décompresser avant Roland-Garros, et il n'y avait plus d'enjeu dans cette Coupe des nations. Il est une star à l'époque, et l'organisation allemande avait prévu une grosse production télé en direct pour un match de classement qui comptait pour du beurre. Yann savait qu'il allait prendre 6 000 dollars d'amende et risquait vingt et un jours de suspension. Alors il appelle Moulinot, dit Moul', son petit diable, celui qui le libère quand il en a marre. Ils organisent une grosse soirée, cinquante, soixante personnes. On s'éloigne du projet de gagner Roland-Garros.

« On est à la maison, dans mon appartement de la rue Saint-Dominique. On est dans la cuisine, il est 4 heures du matin. À l'époque, j'avais un million, un million et demi de francs à la banque. Je dis à Moul' : "Tu sais quoi ? On va au Cameroun, on peut vivre tranquille trois, quatre ans, j'apprends la guitare, toi, tu continues à jouer de la batterie, on monte un groupe, on fait de la musique. Ça me les casse, c'est un monde d'enculés." Et j'étais sincère, j'avais vraiment les boules. Personne ne me défendait – la fédération, évidemment jamais –, et du coup je me retrouvais suspendu. Quant aux médias, je ne t'en parle pas. Je voulais arrêter pour de bon. Moul' me dit : "Joue Roland, tu t'es entraîné, on est là… Puis on y va après." Je lui réponds : "OK. Bonne idée." Finalement, je fais appel, pour jouer Roland, et un mois après, je gagne. Donc forcément, quand je passe le maillot de la finale à Moul', c'est plein de symboles. Toute une histoire. »

« Si, ce jour-là, je n'avais pas été
lucide, on se serait cassés…
et il n'aurait pas gagné Roland. »

MOULINOT, DIT MOUL'

Chapitre 10

Au temps du Bus

L'entrevue a duré trois quarts d'heure et une dizaine de cigarettes. Il a toujours les « crayons » ébouriffés, comme il appelle ses cheveux, et la voix qui va avec. Yann et lui se sont rencontrés au 6, rue Fontaine, à Pigalle, devant le Bus Palladium, à la grande époque du « Bus » : l'entrée à cent balles, les murs peints en vieux rose, les *Ladies Night* les mardis soir (à savoir open bar pour les filles) et Josy au vestiaire. Salvador Dalí, pionnier de l'endroit dans les années 1960, en avait même dessiné les miroirs. On pouvait y voir Jean Yanne, Serge Gainsbourg, Vincent Lindon, Patrick Dewaere… On y croisait aussi des chefs d'entreprise, des chômeurs, des dealers, des cheminots, des producteurs, des sales types, des politiques. Et puis Mick Jagger, David Bowie, Prince.

Moulinot tenait un bar ambulant qu'il garait juste devant. Il y vendait des bonbons, des Mars, des Treets, des Carensac, des Raider, entre autres, pour se payer un voyage aux États-Unis. Les soirs où il n'était pas là, c'est le fils de Catherine Deneuve et Roger Vadim, Christian, qui le remplaçait pour gagner de l'argent de poche.

« J'avais les "crayons" jusqu'à la ceinture. Derrière mon bar, j'avais fabriqué une sorte de batterie avec des caisses en carton, et je travaillais mes ras de trois, mes ras de cinq, mes papas-mamans et mes frisés… c'était surréaliste ! Et je jouais sur la musique. Ça faisait marrer Richard Erman, le directeur du Bus. Les copains venaient me voir à mon bar, et moi je leur payais des coups. C'était une autre époque. C'est l'époque où Yann venait au Bus, avec sa coupe à la Georges Marchais. Il y avait Mimi et Alain, les premiers potes proches de Yann. Didier aussi, le frère d'Alain. Moi, je suis arrivé juste après. On a sympathisé comme ça : deux, trois mots et c'était parti.

« J'avais joué de la musique avant : avec les gars du Martin Circus, on avait monté un groupe qui s'appelait Bulldozer. Un jour, je rentrais des États-Unis, et Jean Schultheis, qui fréquentait le Bus, m'a proposé de l'accompagner à la batterie dans le spectacle de Maxime Le Forestier à Bobino. Il avait récupéré les trois semaines que Brassens devait prendre, mais, malheureusement, Georges était malade. Il est d'ailleurs mort pendant que nous étions à Bobino. Quand j'ai joué là-bas, j'ai invité tous mes potes. J'avais vingt ou vingt et un ans, et jouer avec des grands musiciens dans un grand théâtre, ça n'arrive pas tout le temps ! Donc Michel, Alain et Yann sont venus à Bobino me voir. J'avais vachement de respect pour Yann comme joueur de tennis, mais nos premiers contacts ont eu lieu grâce à la musique. Yann adorait la musique. Je ne sais pas s'il avait déjà l'idée d'en faire, mais c'était son truc. »

Un jour, Moulinot va voir Yann s'entraîner à Roland.

« Je m'en souviendrai toujours parce qu'il portait un tee-shirt rouge avec le logo de Coca-Cola, mais à la place de “Coca-Cola” était écrit “Cocaïne”. J'ai pensé : “Le mec, il est costaud !” *(Rires.)* C'était une autre époque. Roland-Garros, c'était un village, il n'y avait pas de béton. J'allais fumer des pétards au milieu des arbres !

« Yann était inconnu du grand public en 1980. On est partis sur des bases saines. Ça a été merveilleux. Et puis il gagne Roland. À l'intérieur de notre groupe, sa victoire n'a rien bouleversé du tout. On le taillait sans arrêt comme on se taillait tous. C'était hyper sain. Mais on a observé des comportements assez rigolos. Rien d'anormal : quand tu atteins un niveau pareil, t'es évidemment sollicité par des gens plus ou moins intéressants. Plutôt moins que plus, d'ailleurs.

« En juillet 1983, je suis parti m'installer aux États-Unis. C'est là que Yann a commencé à être emmerdé. Un jour, il me dit : “Moul', trouve-moi un loft à New York”. Je lui ai trouvé un loft et je suis devenu chef de chantier. Je me suis occupé des travaux. Il avait maintenant un point de chute à Manhattan et passait moins de temps à Paris où il était trop sollicité.

« Il nous en est arrivé des milliers, des histoires. Yann avait une Mercedes 600, blanche, ce qui n'était pas l'idéal d'ailleurs pour ne pas être emmerdé ! Un jour, on est bloqués dans un bouchon, et les conducteurs autour le reconnaissent. Il y en a un qui sort de sa bagnole, court, cogne à la vitre de la Mercedes et lui demande un autographe, n'importe quoi qui lui appartient. Alors Yann lui répond : “T'as un stylo, un papier ?” Le gars n'avait rien mais insiste. Alors je lui dis : “Tu veux quoi ? Sa chaussette, son slip ?” Et le mec a fini par se tirer avec… une cassette de Charlélie Couture… Le gars n'avait pas quinze ans, mais quarante ! Il a embrassé la main de Yann et il est parti avec sa cassette…

« Comme je ne prenais personne au sérieux, j'étais un peu un exutoire pour Yann. À travers moi, il faisait passer un message : “Vous me cassez les couilles !” J'étais son petit trublion. Ça a été des moments merveilleux. Il m'emmenait avec lui sur les tournois. Quand on arrivait, les gens se demandaient qui j'étais. Et Yann répondait : “C'est mon coach !” *(Rires.)* J'ai conservé l'accréditation sur laquelle était écrit “Coach Moulinot”. Ce n'est même pas mon nom en plus, c'est mon pseudo ! Je n'avais pas du tout le look de l'emploi, avec les crayons jusque-là, raide comme un passe-lacet. Enfin, ça n'avait ni queue ni tête, c'était surréaliste. Imaginez un Nadal ou un Federer qui se pointe avec un Spoutnik dans mon genre et qui dit : "C'est mon coach !" À l'époque, il n'y avait pas autant de monde autour des joueurs qu'aujourd'hui, le staff était beaucoup plus réduit. C'est pour ça qu'il m'emmenait. Et puis parce que, la plupart du temps, quand il jouait à l'étranger, il se faisait chier. Il ne pouvait pas inviter ses conquêtes en tournoi, trop compliqué physiquement. Sur la route, il était tout seul. Alors je l'accompagnais.

« Au mois d'avril 1983, un mois et demi avant Roland, Yann m'appelle chez moi et il me dit : "Ça ne va pas, est-ce que tu peux passer ?" Il était toujours de nature optimiste, donc je n'ai pas hésité et j'ai foncé rue Saint-Dominique, où il louait un appartement. Je n'oublierai jamais ce qui s'est passé ce soir-là. J'arrive chez lui, on organise une fiesta, on se retrouve à cinquante. Dans le milieu de la nuit, on s'installe dans la cuisine tous les deux, et il me balance : "J'arrête le tennis." Devant ma tronche d'ahuri, il enchaîne : "On va partir en Afrique, on va y construire un studio, et puis on va jouer de la musique." J'ai trouvé sa proposition vraiment super, d'autant qu'elle était tout à mon avantage, mais j'ai eu un éclair de lucidité et je lui ai dit : "Tu vois, Yann, ce que tu fais en ce moment, au niveau où tu le fais, ça ne va pas t'arriver dans quinze secteurs d'activité différents. Je serais toi, je jouerais Roland-Garros, et puis tu verras bien après." Si ce jour-là je n'avais pas été lucide, on se serait cassés… et il n'aurait pas gagné Roland. Peut-être qu'il serait revenu au tennis un an après, mais en tout cas, il n'aurait pas gagné Roland-Garros en 1983. Je pense que Michel et Alain lui auraient naturellement donné ce conseil, mais qu'il vienne de moi, c'était assez surprenant. Bien sûr que j'aurais préféré faire de la musique au Cameroun ! Mais ce que j'ai dit ce soir-là, c'est le seul truc dont je suis un peu fier.

« D'ailleurs, deux jours après sa victoire, on discutait tous les deux chez lui, quand soudain il me jette un truc à la figure en me disant : "Tiens, je pense que ça va te faire plaisir." Et c'était le maillot du match… Ça fait quarante ans qu'il est chez moi, dans un cadre. »

« À l'époque j'habite en brousse
dans une maison où il n'y a ni eau
ni électricité. On allait chercher
l'eau à la rivière. »

YANNICK NOAH

Chapitre 11

Yaoundé, 1962

Yannick a deux ans quand il foule pour la première fois la terre natale de son père. Après avoir gagné la Coupe de France de foot avec Sedan, Zacharie Noah se blesse, ce qui le contraint à arrêter sa carrière de footballeur professionnel, et retourne au pays pour travailler. Il a rencontré Marie-Claire Perrier, la fille de Marcel Perrier, journaliste de *L'Équipe* qui avait interviewé Zacharie. Ils ont eu Yannick. Et il rentre à Yaoundé pour être chef de village et prendre un poste dans une banque.

« À l'époque, j'habite en brousse dans une maison où il n'y a ni eau ni électricité. On allait chercher l'eau à la rivière. » Sa mère, professeur de français, en a un jour assez de faire les allers-retours entre la maison et le centre-ville. Elle a alors une idée. Comme elle aime les enfants, elle décide de changer de vie. Les Noah défrichent le terrain autour de leur maison, y construisent deux cabanes, et y plantent un panneau où est écrit « Jardin d'enfants ». Aujourd'hui, plus de cinq cents gamins fréquentent l'école.

Yannick débute le tennis là-bas, au tennis-club de Yaoundé. Il a six, sept ans, et ses parents n'ont pas de quoi lui offrir une raquette. Il commence à jouer avec une planche, une balle en caoutchouc qu'il trouve par terre, et un filet constitué de chaises en plastique sur le terrain de pétanque.

Et puis un jour débarque Arthur Ashe.

« C'est la première fois
que je voyais un Black avec
une tenue bien blanche.
Et il venait jouer dans mon club !
Je n'y croyais pas. »

YANNICK NOAH À PROPOS D'ARTHUR ASHE

Chapitre 12
De Yaoundé à Richmond

À chacun son héros. Pour Yann, c'est Arthur.

Le 5 juin 1983, Yann gagnait Roland-Garros. Le 6 février 1993, presque dix ans plus tard, son idole mourait. Arthur Ashe a quarante-neuf ans quand le sida, contracté à la suite d'une transfusion sanguine, l'emporte.

Arthur Ashe naît le 10 juillet 1943 dans un quartier pauvre de Richmond, en Virginie. Il commence le tennis à l'âge de huit ans. À cause de sa couleur de peau, de nombreux tournois lui sont interdits lorsqu'il débute sa carrière en 1960. À partir de 1968, l'ère Open lui permet de remporter ses premières victoires comme tennisman professionnel. Il met fin à sa carrière en 1980 pour des problèmes cardiaques, après avoir gagné trois tournois du Grand Chelem en simple et deux en double. Sportif engagé, il a apporté son soutien à la cause des Noirs en Afrique du Sud pendant l'Apartheid, aux réfugiés haïtiens pour défendre leurs droits sur le sol américain et a monté une fondation qui porte son nom pour venir en aide aux enfants atteints du virus du sida.

Arthur Ashe débarque à Yaoundé en février 1971, dans le cadre d'une tournée d'exhibitions en Afrique pour promouvoir le tennis. À l'époque, il y a seulement une quinzaine de courts dans tout le Cameroun. Yann se souvient de ce qu'il a ressenti ce jour-là.

« C'est la première fois que je voyais un Black avec une tenue bien blanche. Et il venait jouer dans mon club ! Je n'y croyais pas. Arthur était très surpris lui aussi de voir un petit métis jouer au tennis, parce qu'en fait tous les gamins qui jouaient à l'époque étaient blancs. J'étais le plus petit des participants : les autres devaient avoir quinze, seize ans, et moi, je n'avais pas plus de onze ans. Quand j'arrive sur le court, je l'entends qui dit : “Hé ! Le petit, il faut qu'il joue, là !” Comme je touchais ma bille, dès que je tape ma première balle, les gens se sont mis à hurler. Arthur était tellement heureux : il avait découvert un môme en Afrique ! Je termine l'exhibition, et là, il me file sa raquette ! À l'époque, la Head Arthur Ashe, c'est deux mois de salaire de mes parents ! »

Le lendemain, le petit Yann se lève aux aurores pour réveiller son père : il se rend compte qu'il a oublié de faire signer à son idole l'immense poster qu'il a de lui dans sa chambre. Son père accepte d'aller à l'aéroport, où Ashe doit prendre l'avion.

« Il prenait son avion à 8 heures du matin, et mon père a accepté de m'emmener. Arthur me voit et s'exclame : "Encore toi !" Il a attrapé le poster et a écrit : *"To Yannick, I hope to see you one day in Wimbledon"*. »

Très vite, Arthur Ashe appelle son ami Philippe Chatrier, alors président de la Fédération française de tennis, pour lui dire qu'il devrait s'occuper du petit Yannick Noah. C'est grâce à cet appel que Yann rejoindra le sport-études de Nice.

Si on avait dû écrire le scénario de leur histoire, on n'aurait pas osé imaginer ce qui suit, mais la réalité a dépassé la fiction : Arthur et Yann ont joué ensemble le double à Wimbledon, sur le Centre Court, en 1977, grâce à une invitation obtenue par Arthur. Quand Yannick a gagné son premier titre en « Supersérie », l'équivalent d'un ATP 250, c'est à Richmond, la ville natale d'Arthur Ashe. C'est même lui qui lui a remis la coupe. Quand Yannick joue sa première finale de Coupe Davis en 1982, Arthur est capitaine de l'équipe des États-Unis et se trouve sur le banc d'en face à coacher John McEnroe. Quand Yannick a remporté Roland-Garros en 1983, Arthur Ashe, alors consultant pour HBO, a interviewé Yannick sur le court. Comme Arthur, Yannick deviendra capitaine de Coupe Davis. Arthur s'occupait de faire jouer les gamins dans les cités aux États-Unis, Yannick fait de même en France. Et quand Arthur meurt le 6 février 1993, Yannick, vêtu d'un grand manteau noir en cuir, porte le cercueil en première ligne, au côté de son agent de l'époque, Donald Dell.

« Les autres joueurs investissaient
à Boulogne, dans le 16e,
pour être près de Roland. Moi, je
voulais m'éloigner de Paris
et de ses pièges. »

YANNICK NOAH

Chapitre 13

Nainville, quartier général

Toute bonne mission a besoin d'un camp de base. Pour Yann, c'était sa maison de Nainville-les-Roches, petite commune rurale de cinq cents habitants, située dans l'Essonne. Yann n'a pas toujours vécu à Nainville. Il a d'abord habité un appartement rue Poussin, dans lequel il s'était fait une chambre aux murs noirs, comme Jimi Hendrix. Puis il a vécu juste à côté rue Erlanger, dans le 16ᵉ arrondissement de Paris, voisin de Mike Brant, qui a été retrouvé mort en bas de chez lui. Alors qu'il n'a pas vingt ans, il acquiert cette bâtisse en pierre en pleine campagne et y fait construire une salle de gym, un sauna, un jacuzzi et un terrain de pétanque. Il y a aussi une table de ping-pong et un potager, où Yann fait pousser ses légumes. Une personne s'occupe de ce havre de paix à plein temps et prépare le déjeuner pour tout le monde lorsque Yann débarque avec sa bande.

« Quand j'ai gagné mes premiers sous, j'ai voulu m'acheter un endroit. France [l'une des femmes importantes de sa vie] a eu la bonne idée de me conseiller de prendre un truc plutôt à la campagne. Un jour, je suis tombé, en lisant les petites annonces de *France-Soir*, sur une annonce qui proposait une maison dans l'Essonne avec un peu de terrain. J'y suis allé et voilà ! Je l'ai achetée à l'instinct : à dix-huit, dix-neuf ans, tu t'offres plutôt un appart en ville ! Les autres joueurs investissaient à Boulogne, dans le 16e, pour être près de Roland. Moi, je voulais m'éloigner de Paris et de ses pièges. Je me suis noyé dans Paris, forcément, comme beaucoup. C'est un conseil qu'on m'a donné à l'époque, que j'ai suivi et qui a été essentiel. Loin de Paris, je me suis organisé un petit village, où les potes pouvaient rester dormir. Je me suis fait un court de tennis, une salle de gym, je pouvais courir dans la forêt qui bordait la maison. J'avais de quoi m'entraîner sur place mais surtout la possibilité de me reposer, de me vider la tête. Donc c'était l'endroit parfait. Au moment où j'ai commencé à m'entraîner pour Roland, tout mon entourage était logé là-bas, c'était presque naturel. On était vraiment tranquilles, loin de toute l'agitation. Parce que c'était beaucoup d'agitation, comme toujours, pendant Roland… »

Patrice Hagelauer a imposé une omerta totale sur la préparation de Yann avant Roland-Garros cette année-là. Et cette mission nécessitait une discrétion de tous les instants. Il a passé un deal avec le club de tennis local, le tennis-club de La Rochette, qui mettait à leur disposition un court en terre battue extérieur, et un court couvert en cas de pluie. Yannick s'entraînerait soit là-bas, soit au Racing Club de France. Hagel', général de la mission.

« Yannick, tu le voyais tout le temps partout. Et donc il était vraiment très épié. Tous les journalistes voulaient obtenir une interview. Depuis déjà pas mal de temps, je cherchais à protéger Yannick. J'ai même dû batailler avec lui. Je lui disais que je ne voulais plus qu'il fasse parler de lui dans la presse, qu'il donne des interviews, que ce n'était pas bon pour lui. Il s'en rendait compte lui-même, parfois, il en avait marre. Mais il a un défaut, Yann, il ne sait pas dire non. Donc c'était à moi, de temps en temps, de dire non aux journalistes, en leur expliquant qu'il était en pleine préparation, que je souhaitais qu'il reste concentré sur son événement et que, pour ça, il fallait qu'ils nous laissent bosser tranquillement. Mais dès qu'ils croisaient Yannick seul, ils revenaient à la charge : “Yann, tu me fais une petite interview, un truc rapide, un quart d'heure ?” Le quart d'heure durait finalement une plombe et trois pages sortaient dans les journaux. »

« Franchement, je pense que,
physiquement, ce n'était pas
possible de faire plus que
ce qu'il a fait. C'était impossible. »

Patrice Hagelauer

Chapitre 14

Un monstre physique

Retour à Nainville. Hagel' détestait dormir là-bas : un coq coqueriquait tous les matins à 5 heures. Il faisait donc les allers-retours.

« Les jours étaient tous rythmés de la même façon : tous les matins, j'arrivais, on bossait, on déjeunait, puis sieste d'une heure et on repartait au club jouer deux heures, deux heures et demie. Parfois, je restais seul avec lui et de temps en temps je conviais des sparring-partners pour jouer des sets avec lui. On a fonctionné comme ça toute la semaine précédant le tournoi, toujours dans le black-out le plus total. Le dimanche, c'est la journée Benny-Berthet [journée de matchs d'exhibition qui a lieu le dimanche avant l'ouverture du tournoi]. Le samedi, Jacques Dorfmann, juge-arbitre à l'époque, me demande si Yannick voudrait jouer le lendemain. Je réponds oui. Il me demande alors s'il aimerait jouer un set contre Wilander sur le Central. J'interroge aussitôt Yann, qui est hyper emballé. Donc il joue, il y a un monde fou qui regardait, et il gagne le set. C'est marrant, c'est sympa. Puis suit la traditionnelle conférence de presse. Et là ça a fuité.

« Durant le face-à-face avec les journalistes, c'est la seule fois de ma vie d'entraîneur où je me suis permis de dire : “Celui qui va battre Yannick, il va falloir qu'il soit très fort.” Parce que ce qu'il a fait à l'entraînement, les efforts qu'il a fournis, c'était incroyable. Dans ma tête, Yannick devait imposer sa façon de jouer, son physique, celui d'un mec grand, costaud, qui frappait fort, qui empêchait l'autre de jouer. Quand tu le vois, tu te dis : “Il en impose…” Il faut dire que, physiquement, il se donnait à fond. Quand on rentrait des entraînements, le soir, vers 17 h 30, 18 heures, il allait courir avec ses deux chiens encore une demi-heure, trois quarts d'heure, parfois même plus, dans les champs, comme ça. Puis il enchaînait avec des exercices physiques, des étirements. Ensuite, il s'enfermait dans le sauna. C'est là que je rentrais chez moi.

« Je n'avais qu'une peur, c'était qu'il se blesse. Lors de nos entraînements, plus Roland approchait, plus j'avais peur… Je me disais : “Pourvu qu'il ne se blesse pas…” Franchement, je pense que, physiquement, ce n'était pas possible de faire plus que ce qu'il a fait. C'était impossible. Et très risqué. Alors, parfois, j'y allais mollo. Et Yann s'en rendait compte : “Mais qu’est-ce que t’as ? Fais-moi des lobs plus hauts, plus difficiles !” On avait fait venir un kiné qui est intervenu, le soir, plusieurs fois dans la semaine. J’avais signé un bouquin à l’époque. Je l’ai dédicacé à Yann : “Plus que tout autre, tu mérites de gagner Roland.” J’étais confiant. Vraiment confiant. »

« À quoi bon le suicide, quand il vous reste tellement de monde à décevoir ? »

CIORAN

Chapitre 15

Une initiation à Cioran

Dans la bande à Noah, Michel Grach, c'est l'intello, sous prétexte qu'il a fait des études de philo. Dans sa chambre d'étudiant, il avait un mur rempli de Post-it gribouillés de citations. Emil Cioran, dont il était un lecteur épris, en avait commis la majorité. Son cynisme était une source d'inspiration, comme une façon d'affronter la réalité quand elle devenait trop rude. Yannick en a gardé un aspect : l'art de se sortir de situations délicates par un trait d'esprit ou grâce à une punchline, notamment avec la presse.

« La première fois que je l'ai vu, c'est au Racing, où j'étais membre. Je lui ai dit : "Tu sais que les Noirs sont interdits au Racing ?" Ça l'a fait marrer. J'ai pensé que le gars était plutôt bon esprit ! Mais c'était vrai : il n'y avait pas beaucoup de Noirs à l'époque au Racing…

« Un jour, on part jouer un match. Yannick vient avec sa sœur Nathalie, et moi avec Phitouss'.

À ce moment-là, on n'était pas vraiment connectés, Yann et moi. Phitouss' en profite pour parler avec Nathalie. Après le match, il y a un pot, et on décide de sortir pour la soirée, au Bus Palladium ou à l'Élysée-Matignon, je ne suis plus très sûr. Cette soirée marque le début de notre histoire, celle de cette génération de mecs du Racing, un peu nihilistes, mais “cortiqués” quand même, céliniens, cioranesques. Et un certain sens de l'humour, où on ne laissait pas grand-chose passer.

« Certains gars, quand ils deviennent connus, deviennent chiants en même temps. Pas Yann ! Notre humour le faisait rigoler. Ça le changeait des types très égocentrés, très premier degré, très dans leur truc. Nous, on était dans la déconne.

« Il y a un décalage énorme entre l'image qui lui colle à la peau, celle de bringueur qui finissait à quatre grammes tous les soirs, et ce qu'il était dans la réalité. Quand on allait au Bus, nous, on enquillait les vodka-tonic mais lui se contentait d'une, rarement deux, et ensuite se mettait à l'eau. Puis on dansait. Et quand on sortait, le maillot était rincé. Ce genre de soupape faisait partie de son équilibre : je pense qu'il aurait été fin de première série s'il avait eu la vie de Lendl ! Il en avait besoin et en même temps il s'en punissait. Je me souviens de soirées terminées à 4 heures du matin, et, le lendemain matin, à 7 heures, il était sur le terrain avec “Ultra Brite”, alias Hagel'. Et il en redemandait ! Il l'a toujours dit : quand tu es sportif de haut niveau, tu n'as aucune excuse concernant le physique. C'est le seul truc facile à bosser. Et physiquement, lui, comme son fils d'ailleurs, a été toujours hyper affûté. Avec le mental, c'était son fonds de commerce.

« À l'époque, heureusement pour nous, les réseaux sociaux n'existaient pas. Il n'aurait pas pu vivre ce qu'on a vécu. Avant, tu pouvais te permettre des moments de décompression, sortir en boîte, sans être cloué au pilori. Alors oui, il aimait la fête, mais il a toujours su raison garder. En tout cas, il a toujours eu ses objectifs en ligne de mire, il a toujours bossé comme un chien pour les atteindre et jamais au détriment de la fête. Je pense que ça fait partie des clés qui ont permis son succès.

« Il est aussi affamé de tout. Yann est hyper curieux. Je l'ai quand même emmené à un cours du philosophe Maurice Merleau-Ponty à Nanterre ! Je pense qu'il avait des capacités intellectuelles. Et quand tu es sportif de haut niveau, tu n'as pas une vie normale, ni une adolescence normale. Nous, on était à peu près normaux, on faisait des études. Et Yann était curieux de ça. On était vraiment dans le partage, notamment de nos centres d'intérêt respectifs. Il nous a fait kiffer grave, et en retour on a aussi essayé de le faire kiffer grave, chacun dans son domaine : Phitouss' pour les filles, Moulinot pour la musique et moi pour… ses neurones. »

« La motivation, on ne sait jamais
d'où ça vient. Souvent tu joues
pour faire plaisir à tes parents
ou pour pas les décevoir.
Et un jour, tu as envie d'exister. »

YANNICK NOAH

Chapitre 16

Nice, 1973

« Quand je quitte le Cameroun, j'ai douze ans. Ma valise, c'est toute ma vie ! À Nice, je suis le plus jeune, donc je suis bizuté, évidemment. Des conneries que les jeunes font, rien de grave. J'ai un peu les boules d'être là. La cantine est dégueulasse ! *(Rires.)* Mais j'aime bien jouer. Et Patrice Beust, mon coach, est top. Tous les week-ends, les potes, les Moretton, Bedel, etc., rentraient chez eux. Donc dès le vendredi soir, je me retrouvais seul à l'internat. Les premiers week-ends, ça a été chaud. Très chaud.

« Et puis il y avait cette fille qui était inscrite au club. Elle était super mignonne, mais tout de suite je me suis dit que c'était trop pour moi. C'était trop pour moi parce que j'étais pensionnaire au Nice LTC… Ce n'était pas qu'elle était de la haute, mais elle était trop belle pour moi, et moi, j'étais hyper timide. Alors je me suis fixé un objectif : “Un jour, Sylvie, elle va me voir. Il faut que je défonce." Je me suis mis à m'entraîner tout le temps : le week-end, pendant que les autres étaient avec leurs parents ; le matin, en me levant plus tôt et en travaillant mon service tout seul pendant quarante-cinq minutes. Je me planquais pour qu'on ne me voie pas. Pareil : deux footings étaient programmés par semaine ; moi, en douce, quand la séance était terminée, j'allais courir. À la fin de la semaine, je m'entraînais environ douze heures de plus que les autres. Et j'ai avancé comme ça. Jusqu'au jour où j'ai demandé à Sylvie si elle voulait jouer le mixte avec moi. Elle a accepté. C'était cool.

« La motivation, on ne sait jamais d'où ça vient. Souvent tu joues pour faire plaisir à tes parents ou pour pas les décevoir. Et un jour, tu as envie d'exister. »

« Yann, c'était le pape, et ça lui allait bien. Il nous invitait au resto, nous faisait monter à quatre dans sa Ferrari. Et il adorait ça. Parce que rien ne le saoulait plus que d'être tout seul dans sa Ferrari. »

ALAIN PHITOUSSI, DIT PHITOUSS'

Chapitre 17

Phitouss'

Quand on googlise Alain Phitoussi, des photos de lui avec Claudia Schiffer à Roland-Garros apparaissent. Elle, blazer bleu marine oversize, lui, Ray-Ban noires sur le nez et nuque trop longue comme on n'en fait plus. En vrai, Alain est un homme très élégant à la voix un peu cassée. Il fait partie de ceux dont on imagine le visage quand ils étaient plus jeunes. Il a l'œil brigand et le verbe des années 1970, celui des Ventura, Gabin, Blier et autres. Comme eux, il appelle les gens par leur nom de famille, et il a le sens de la punchline.

« On s'est rencontrés grâce au tennis, Yann et moi. On était cadets, ou minimes, et on participait aux championnats de France, qui avaient lieu à Roland-Garros. Moi, je jouais pour Paris. Et lui pour Provence-Alpes-Côte-d'Azur. Yann dormait sous des tentes à Roland-Garros. Nous, on était chez nous ! Mais on passait pas mal de temps près des tentes des filles, à draguer.

« Le hasard de la vie a voulu que très tôt on sorte en boîte, vers l'âge de quinze ou seize ans. Ce n'était pas du tout la même ambiance que maintenant. On faisait le mur, on prenait des vélos ou on piquait des mobylettes, et on allait au Samantha dans le bois de Boulogne, ou au Bus Palladium. On n'avait pas besoin d'avoir d'argent. Ce n'était pas aussi difficile qu'aujourd'hui.

« Mon frère et moi, on fréquentait une bande de copains avec qui on sortait tout le temps. Ils travaillaient déjà et gagnaient un peu leur vie. Donc on pouvait entrer en boîte, prendre une table, s'asseoir, et draguer les plus belles filles. On a commencé à sortir avec des mannequins. J'étais pote avec John Casablanca, le patron de Elite. On est sortis avec des filles qui sont devenues des stars !

« Yannick a intégré notre groupe. On était cinq, six potes, pas plus. On ne buvait pas, on ne fumait pas, on ne se droguait pas, mais on courait après les filles. On a vécu la transition entre le moment où ces filles, qui étaient nos copines, nos fiancées – tu sortais avec l'une, puis après avec l'autre –, étaient anonymes et puis le moment où elles sont devenues des stars mondiales.

« Dès que Yannick rentrait d'un tournoi, il nous téléphonait et se joignait à nous pour la soirée. Très vite, il est devenu une sorte de leader dans notre groupe. Notre truc, c'étaient les concerts et les matchs de foot. Dès qu'il y avait un concert, on y assistait ; et dès qu'il y avait un match de foot, on y allait. Yann était beau gosse ; les filles le regardaient comme si elles avaient envie de le bouffer. Elles le bouffaient d'ailleurs. Il avait la cote…

« Comme beaucoup de joueurs de tennis de l'époque, Yann aimait les belles bagnoles. Dès qu'il a pu, il s'est acheté une Ferrari. Un peu comme Vitas Gerulaitis, quand il se baladait, à New York, dans sa Rolls toujours accompagné de trois ou quatre belles filles. Ce côté glam, frime – mais la frime de l'époque, ce n'est pas la frime d'aujourd'hui –, c'est la vie dont tout gamin rêve. Et ça faisait partie du jeu. Tu garais la bagnole en bas de chez toi, on ne te la massacrait pas. Personne ne cassait les vitres. Il n'y avait pas toute cette violence, cet état d'esprit pourri qui existe aujourd'hui pour plein de raisons… Aujourd'hui, tu caches la montre ; à l'époque, tu la montrais. Si Yannick a acheté sa Ferrari, c'était qu'il avait gagné des tournois. »

Après quelques minutes d'entretien, je me rends compte que la légende de Phitouss' est certes vraie, mais incomplète. Je n'avais entendu parler que de son côté playboy.

« Avec mon frère, on était copains avec Patrick Bruel, qu'on a connu quand il jouait du piano au restaurant Le Pastel. Quant à Vincent Lindon, il était au lycée Janson-de-Sailly avec nous. Patrick Timsit était en classe avec moi, il commençait le théâtre au théâtre du Ranelagh. Mon frère et moi, on s'est retrouvés – c'est le hasard de la vie – au milieu de tous ces gars qui sont devenus des stars. Mais au départ, quand le fils disait à son père “Papa, j’ai envie d’être champion de tennis”, il prenait une beigne et s’entendait répondre : “Va à l’école !” S’il disait : “Moi, je vais être acteur”, il prenait deux beignes. Et s’il disait : “Moi, je suis un acteur de théâtre”, il prenait trois beignes ! Ça ne les a pas empêchés de réussir. Au contraire.

« Avant de connaître Yannick, avant qu’il commence à jouer dans les tableaux finaux et qu’il nous donne des places pour le voir jouer, on sautait par-dessus le grillage. Si on voulait voir le Paris Football Club, on embrouillait la sécurité, on passait à trois, parfois huit, avec un seul ticket. On se cotisait pour l’acheter ; on n’avait pas d’argent, on était étudiants. Quand on allait à Colombes, c’était à douze dans une bagnole. On voulait aller à Saint-Tropez ? On se rendait à l’aéroport, on trafiquait les souches des billets d’avion, on pipeautait l’hôtesse : “Madame, j’ai paumé ma souche…”, et le tour était joué. On se démerdait.

« À l’époque, si tu faisais des études de médecine, tu étais médecin ; des études de dentiste, tu devenais dentiste ; des études de droit, tu finissais avocat. Tu ouvrais une boutique, tu gagnais ta vie ; tu devenais prof de tennis, tu arrivais à t’en sortir. Ça ne t’empêchait pas d’aller le soir en boîte. Aujourd’hui, si tu n’as pas 300 euros en poche, tu ne rentres nulle part. Il n’y avait pas de nivellement social. Nous, on ne gagnait pas un rond. À part

Yannick. Mais, quand on sortait, on se débrouillait pour tous payer. Et économiser ! Pour s'asseoir en boîte, il fallait payer une bouteille, et la bouteille, on la gardait trois mois en la remplissant avec de l'eau *(rires)*. C'était jovial.

« Au milieu de tout ça, Yann, c'était le pape, et ça lui allait bien. Il nous invitait au resto, nous faisait monter à quatre dans sa Ferrari. Et il adorait ça. Parce que rien ne le saoulait plus que d'être tout seul dans sa Ferrari. »

« Le public français,
il est comme ça, il tourne. »
YANNICK NOAH

Chapitre 18

Victor Pecci

Il était sublime. Une espèce de Freddie Mercury paraguayen qui avait battu Yann en 1981. Une belle gueule, qui portait un diamant à l'oreille. Il énervait Yannick, car il plaisait aux nanas. Du coup, quand il le retrouve au deuxième tour de Roland-Garros le jeudi 26 mai 1983, après avoir vaincu assez facilement Anders Jarryd lors du premier tour, deux jours plus tôt, sur le score de 6/1, 6/0, 6/2, il fallait qu'il le corrige.

« Pecci avait eu son heure de gloire. Il était très populaire. Je devais prendre son espace. Ce match était un combat d'images. Quand j'arrive sur le court, normalement j'ai 95 % du public avec moi. Sauf si je joue mal. Là, c'est Pecci et son aura que j'ai en face, et si ça ne marche pas trop bien pour moi, le public peut vite tourner. Le public français, il est comme ça, il tourne. Mais ça s'est bien passé… »

Score : 6/4, 6/3, 6/3. Pour Noah.

« Je pensais que j'étais le plus élégant du tournoi. Que j'avais un bon look. Et bam ! j'entre sur le court, et il a la même tenue que moi ! »

YANNICK NOAH
À PROPOS DE PAT DUPRÉ

Chapitre 19

Pat Dupré

Au troisième tour, le samedi 28 juin, Yann affronte Pat Dupré, qui préfère les surfaces rapides, donc pas un spécialiste de terre battue. De son propre aveu, Noah ne pensait pas que l'Américain arriverait jusque-là. Au point de prendre le match comme une formalité ?

« Un match un peu compliqué, je crois. Le premier set, en tout cas, est compliqué. D'abord, quand j'entame le match, j'ai la haine parce que Dupré porte la même tenue que moi. On avait travaillé sur la tenue avec Le Coq sportif, pour Roland et pour toute la saison. J'avais une tenue, la même en quatre couleurs différentes : blanc avec le haut bleu marine, bleu ciel, jaune ou rouge. Ce jour-là, je décide de jouer en jaune. Dupré était aussi habillé par Le Coq. Quand j'ai pénétré sur le court, j'aimais beaucoup ma tenue. Je pensais que j'étais le plus élégant du tournoi. Que j'avais un bon look. Et bam ! j'entre sur le court, et il a la même tenue que moi ! Le temps que je sorte de mon flip, je me retrouve mené 5/1. Je finis par gagner le set, puis le match, mais pas facilement [7/5, 7/6, 6/2]. C'était un drôle de match… »

« Je suis donc entre les deux :
café au lait, parfois plus café,
parfois plus lait, souvent les deux,
parfois ni l'un ni l'autre. »

YANNICK NOAH

Chapitre 20

Le zèbre

« Un zèbre, c'est noir avec des lignes blanches ou blanc avec des lignes noires ? »

« Ma source, c'est Sedan. Je suis un Sedanais. Je suis un sanglier des Ardennes ! Je suis d'origine belge – mon arrière-grand-mère était belge –, et j'ai grandi au Cameroun. Je suis donc entre les deux : café au lait, parfois plus café, parfois plus lait, souvent les deux, parfois ni l'un ni l'autre. »

Yannick est noir, et il le doit à Zacharie. Zacharie a arrêté le foot après s'être cassé le bassin, et est revenu vivre au Cameroun, marié à une Blanche. Yannick tient de son père sa façon de s'adresser aux gens. Son père parlait au maire comme il parlait au chauffeur de taxi. Yann, que vous soyez un inconnu ou quelqu'un dit de plus « important », vous parlera exactement de la même façon.

Yannick est blanc, et il le doit à Marie-Claire. C'est d'elle que lui vient l'esprit de compétition, selon lui. Ils ont monté Les Enfants de la Terre ensemble, en 1988, une association qui œuvre pour aider les enfants et leurs familles en situations d'urgence (enfants hospitalisés, en difficultés sociales, économiques). Marie-Claire s'est occupée de l'association au quotidien, jusqu'à sa disparition en 2012. Elle a élevé ses enfants dans le calme et la douceur, qui se dégagent naturellement de Yann.

Mais, à la maison, ça s'engueulait souvent. Le tennis était aussi un moyen d'occulter ce qu'il se passait chez lui, jusqu'à ce que Marie-Claire et Zacharie se séparent, en 1976.

« Tu sais, grand-père, ici,
ils ne croient pas à ces choses-là… »

Simon Papa Tara

(Paroles de Robert Goldman)

Chapitre 21

Simon Papa Tara

Zacharie était le fils de Simon, que la France connaît sous le nom de Simon Papa Tara, Noah Bikie Noah ou le Noah de fer.

« Un jour, je suis en train de dormir et, au petit matin, je suis réveillé par mes chiens qui aboient à la mort. Je connais mes chiens, je les adore. Je sais très bien ce qu'ils disent, on communique. Donc je suis réveillé par leurs aboiements. Je dors toujours sur le ventre, je tourne le dos à ma chambre. Je sens soudain une présence dans la pièce, un sentiment de bonheur, mais physique, et là, j'entends mon grand-père qui me parle. Il me dit : "C'est bien, continue à t'occuper de la famille", parce que, dans la tradition camerounaise, par descendance je suis sa réincarnation. Je lui dis : "OK, d'accord", et je lui demande : "Est-ce que ça va ?" Il me répond : "Oui, ça va." Et là, au moment où je me retourne pour le voir, il a disparu. Je ne le vois pas.

« Il est 5 h 30 du matin. Je suis tout à fait réveillé maintenant, et je me dis : “Attends, mais, c’est quoi, ça ? Un rêve ?” Je me retourne vers ma copine de l’époque, Erika, avec qui j’avais déjà beaucoup parlé parce qu’elle avait perdu son père, je la regarde. Elle a les yeux ouverts. Je ne dis rien sur le moment, sinon on en a pour la journée. Elle se rendort. Moi, je suis trop agité, je pense qu’à ça. Alors je me lève, et je décide de lui préparer le petit déj, de le lui monter puis de lui raconter l’histoire. Je suis encore dans la cuisine quand elle descend. Elle me dit : “Yann, j’ai un truc à te dire… ton grand-père est venu te voir ce matin.” D’un coup, l’histoire, elle n’est pas la même. Parce que là, j’ai un témoin, alors je peux en parler. Sinon, je pense que je ne l’aurais jamais fait et j’aurais cru que j’avais une petite case qui déconne… Pour être honnête, je crois toujours qu’il y a un truc qui déconne, mais j’ai quand même raconté cette histoire à mon pote Robert (Goldman). Et il m’a écrit une chanson [1]. »

Tu es venu ce matin
À l’heure où la nuit meurt
Tu es venu de si loin
D’où la mort ne fait plus peur

---

1. Paroles et musique Robert Goldman, arrangements Christophe Battaglia © BMG Rights Management.

« Et puis il y avait cette fille, qui
était inscrite au club… Ce n'était
pas qu'elle était de la haute, mais
elle était trop belle pour moi, et
moi, j'étais hyper timide. Alors je
me suis fixé un objectif :
"Un jour, Sylvie, elle va me voir.
Il faut que je défonce." »

YANNICK NOAH

Chapitre 22

Les femmes

Yannick est un homme à femmes au sens où leurs présences l'ont stimulé toute sa vie. Tout jeune, il voulait bien jouer au tennis parce que, timide, c'était une façon de les séduire. Il est aussi le petit-fils de Simon, et le fils de Zach. Deux « pistacheurs », comme on dit au Cameroun.

Patrice Hagelauer se souvient.

« Quand il y avait trois belles filles qui venaient sur le côté du court, tout d'un coup, c'était plus le même entraînement. Les gars se donnaient à fond. C'était incroyable. J'ai aussi remarqué que quand ils étaient un peu amoureux, quand une très belle fille était leur copine, il se passait quelque chose chez eux. »

Jill Goodacre est la compagne de Yannick pendant Roland-Garros en 1983. Pour les inconditionnels de la série *Friends*, c'est aussi ce mannequin Victoria's Secret qui est coincé avec Matthew Perry, alias Chandler, dans une banque lors d'un black-out sur la ville de New York, dans l'épisode 7 de la saison 1…

Puis Yannick rencontre Cecilia Rodhe, mannequin de l'agence Elite, Miss Suède en 1978, sa première femme, à New York. Lors de son mariage avec elle au Cameroun, le prêtre demande : « Est-ce que ce mariage se fait sous le régime de la monogamie ou la polygamie ? » Yannick se retourne et regarde ses parents. Marie-Claire lui articule « MO-NO-GA-MIE ». Zacharie hausse les épaules. Il aura deux enfants avec Cecilia, Joakim et Yelena.

Puis il se remarie avec le mannequin Heather Stewart-Whyte en 1995, avec qui il aura deux filles, Eleejah et Jenaye. Ils divorcent en 1999.

De 2003 à 2020, il vit avec Isabelle Camus dont il a un cinquième enfant, Joalukas.

« Il y a eu un set accroché,
et j'ai un peu mal au dos,
une espèce de mini-sciatique
à cause d'un faux mouvement que
j'avais fait plus tôt dans le tournoi,
mais sinon, c'est un match
tranquille. »

YANNICK NOAH, *LE MONDE*, 2013

Chapitre 23

John Alexander

Il aurait dû jouer « Geru » en huitièmes de finale ce lundi 30 mai. Vitas Gerulaitis était l'idole de tous les joueurs de l'époque. Ses rivaux l'aimaient. Son arrivée sur le parking de Flushing Meadows en cabriolet Rolls-Royce couleur jaune d'œuf, vêtu d'un manteau de fourrure et accompagné de quatre mannequins, a marqué toute cette génération. Yannick disait de lui qu'il flambait dans le bon sens : il flamboyait. C'est sa personnalité surtout qui ne laissait pas indifférent. Il faisait la fête et embarquait les autres. C'était un personnage. Parti à quarante ans.

À sa place, c'est John Alexander, que Yann bat 6/2, 7/6, 6/1.

« Il y a eu un moment difficile, le lendemain de son match contre John Alexander, se rappelle Patrice Hagelauer. Il fait la conférence de presse, il se relève et a une douleur dans le dos. Le médecin de l'équipe de France, le docteur Cousteau, me dit : “Je vais faire venir un professeur, un spécialiste, et il va regarder ça.” Généralement, il faut s’y prendre deux mois à l’avance pour obtenir un rendez-vous. Le type dit : “Je viendrai voir Yannick à telle heure ce soir.” Il vient voir Yannick, lui fait une manipulation. Et on n’en a plus entendu parler. Le lendemain, il était à 100 %. Mais j’ai eu un petit peu les jetons. »

« Débarquent alors Michael Jordan
et Pat Ewing qui me demandent
de leur signer un autographe !
Un an après, Jordan défonce
tout chez les Bulls… »

YANNICK NOAH

Chapitre 24

Appelez mon agent…

Donald Dell est un ancien joueur de tennis américain. Il fut aussi capitaine de l'équipe nationale de Coupe Davis, où il a coaché Arthur Ashe et Stan Smith. Devenu avocat à Washington, il fonde sa société, Proserv, et devient manager de joueurs comme Ashe, Connors ou Yannick.

« Donald Dell était mon agent parce qu'il avait été aussi celui d'Arthur Ashe. Un jour, je suis chez lui, à Washington, pendant le tournoi local, et il me dit : "Je viens de signer deux jeunes basketteurs qui viennent d'être draftés. Un des petits gars s'appelle Michael Jordan, de North Carolina (je vois très bien qui est Jordan), et l'autre Patrick Ewing, de Georgetown… Ils arrivent, là." Débarquent alors Michael Jordan et Pat Ewing qui me demandent de leur signer un autographe ! Un an après, Jordan défonce tout chez les Bulls… J'ai encore les premières Jordan taille bébé signées par Michael que portait Joakim ! Quand mon fils a commencé à jouer au basket, il y avait des posters partout dans sa chambre… C'était Michael et les Bulls partout. Alors quand Joakim a été drafté par les Bulls, j'ai halluciné. Il aurait pu être pris n'importe où ailleurs. Mais il y a des choses qui sont écrites parfois. Ça pousse à rester le plus humble possible… »

« Lui et moi, c'était surtout deux styles différents : *clean cut*, cheveux en brosse, tenue Adidas très moche. Très très moche. *(Rires.)* En face, rock and roll, de la couleur, du panache. L'artiste contre la machine. »

YANNICK NOAH À PROPOS D'IVAN LENDL

Chapitre 25

Ivan le terrible

Ivan Lendl, troisième joueur mondial au classement ATP, est l'anti-Noah. Le Tchécoslovaque contre le rasta. Les deux se connaissent par cœur. Depuis qu'ils sont adolescents, ils sont les deux meilleurs joueurs européens du circuit. Mais ils ne se fréquentent pas, ne se côtoient pas.

Pendant ce quart de finale, mercredi 1er juin, Yannick perd le seul set de sa quinzaine parisienne. Quant à Lendl, il sauve deux balles de match et remporte le troisième set. Et se prend une roue de vélo au quatrième. Score final : 7/6, 6/2, 5/7, 6/0.

Ivan, pas si terrible.

« Je n'ai pas dîné une seule fois avec Lendl. Je n'ai jamais bu un coup au bar d'un hôtel avec Lendl. Choses que j'ai faites avec tous les autres joueurs. Après, une fois qu'on a posé les armes, le respect est là. Je respecte sa carrière. Il a choisi un chemin qui n'était pas du tout le mien. Mais il est tchèque, je suis franco-camerounais. Ce sont deux mondes qui n'ont rien à voir. Deux cultures, deux personnalités différentes.

« Donc j'ai du respect pour ce qu'il a accompli. Et puis il était cool : il pouvait faire un détour à l'aéroport pour dire bonjour à mon père ou à ma mère, ce genre de chose. La compétition est une putain de maladie : on t'apprend, on te pousse même parfois à détester quelqu'un simplement parce qu'il est ou sera un jour ton adversaire, alors qu'il n'est pas forcément mauvais. Lendl, il n'était pas mauvais et je ne le détestais pas. Lui et moi, c'était surtout deux styles différents : *clean cut*, cheveux en brosse, tenue Adidas très moche. Très très moche. *(Rires)*. En face, rock and roll, de la couleur, du panache. L'artiste contre la machine. »

« Avec tout le respect
que j'ai pour mon pote
Roger-Vasselin, je sais qu'en battant
Lendl je suis en finale. »

YANNICK NOAH

Chapitre 26

Christophe Roger-Vasselin

Deux Français sont qualifiés à l'issue des quarts de finale. Christophe Roger-Vasselin et Yann. Ce n'était plus arrivé depuis 1970, avec François Jauffret et Georges Goven. Et ils s'affrontent en demi-finale le vendredi 3 juin.

Il y aura forcément un Français en finale de Roland-Garros. Mais lequel ? Celui qui vient de créer l'exploit en battant Jimmy Connors ? Ou celui qui est en mission ?

« La veille, on était à la maison, à Nainville, on s'entraînait. On est en train de déjeuner, et on regarde le journal, pour voir ce qu'il s'est passé à Roland ce jour-là. Et là, dans le poste, on voit Roger-Vasselin en direct de chez lui. Une caméra le filme en train de jouer aux cartes. À ce moment-là, je comprends qu'il s'est laissé bouffer par la pression médiatique. Résister fait partie de l'apprentissage, et apparemment personne dans son entourage ne l'y a préparé. Il a perdu 80 % du match avant d'entrer sur le court. Avant même de commencer, il est cuit, il est vide. Toujours ce truc très français : "Ah, il est en demi, c'est déjà bien, bravo !"

« Clairement, pour moi, perdre contre Roger-Vasselin en demi n'est pas une option. Je le dis avec un immense respect pour Christophe, qui a battu Connors. Mais, dans ma tête, je n'arrive pas en demi-finale de Roland-Garros pour perdre contre lui. Quand ton futur adversaire joue avant toi, tu sais qui tu vas affronter avant même d'avoir joué ton propre match. Donc, inconsciemment, tu joues deux matchs à la fois. Et pour moi, l'ordre des choses, c'était que je joue Connors. Donc je me suis préparé à jouer Connors. Je suis en forme. Connors, c'est un jeu différent : il prend tout très tôt. Des balles rasantes… J'aimais mieux jouer au niveau de la hanche, plus haut. M'appuyer sur des balles hautes, faire reculer le gars puis entrer dans le court. Je devais donc adapter mon jeu à son jeu, alors qu'avec tous les autres j'avais réussi à imposer la cadence, le tempo… Et il perd.

« En plus, je ne me suis pas échauffé ici, au Racing Club de France, avant le quart. J'ai regardé l'autre match au Paris Country Club à Rueil-Malmaison… J'étais coincé dans un truc psychologique à deux faces. D'un côté, je me disais que Lendl, ça allait le faire. À l'époque, il m'avait battu peut-être plus souvent que l'inverse, mais pas sur terre. J'étais à Paris, à Roland… Je me sentais bien contre Lendl. Mais, d'un autre côté, je me disais : "Je ne peux pas perdre si près du but, là, il y a une porte..." Donc j'étais partagé entre deux sentiments très différents, à savoir "t'emporte pas", mais en même temps "si je le bats, je suis en finale". Ce qui est con si tu perds derrière, mais bon. *(Rires.)* En l'occurrence, je n'ai pas perdu, j'ai mis une branlée à Roger-Vasselin. »

6/3, 6/0, 6/0. Yannick saute le filet et serre la main de Christophe.

« Pour se lever tous les matins,
il faut que ça ait du sens.
Tu joues toujours pour quelque
chose. Et ce quelque chose doit être
plus profond que juste la victoire. »

YANNICK NOAH

Chapitre 27

La culture Noah

En France, nous n'avons pas cette culture de la « gagne ». En France, les gens sont jaloux du succès des autres. Dans notre pays, gagner, c'est suspect. Il a donc fallu que Yann crée cette culture de la victoire pour réaliser son rêve. D'abord en travaillant plus, dès les premières années.

« Je pense sincèrement que la Coupe Davis, en 2017, on la gagne parce qu'on a envie de faire la photo avec Sugar, le fils de Jo-Wilfried Tsonga, dans la coupe. On avait renommé le trophée la Sugar Cup. On avait besoin d'aller chercher la motivation ailleurs que dans le simple fait de gagner la Coupe Davis.

« Je m'entraîne depuis mes quinze ans tous les jours. Pour se lever tous les matins, il faut que ça ait du sens. Tu joues toujours pour quelque chose. Et ce quelque chose doit être plus profond que juste la victoire. Au début, à Nice, je me disais : "Je suis le plus petit, je vais essayer de battre les grands." Et puis j'ai battu les grands. Alors je me suis dit : "Je me ferais bien péter une petite Autobianchi Abarth ! Là, si je me qualifie, si je gagne ce tournoi satellite, je rentre à Paris, je peux me faire péter l'Autobianchi. Avec l'autoradio en plus ! Si en plus de ça je peux mettre les jantes alu..." Puis ça a été la BMW, l'appart, avec des flippers, pour plaire aux filles...

« À un moment, ça devient trop. Il faut fuir. Mon instinct m'a envoyé à la campagne, dans ma maison, avec ma propre salle de gym. En 1980, personne n'avait chez soi de salle de gym. Ou de court de tennis couvert. Ça n'existait pas à l'époque. Derrière l'image que je renvoyais de mec qui déconne, j'étais hyper organisé. J'avais aussi mon kiné. J'ai été un des premiers en France à avoir mon propre entraîneur.

« Après 1983, il n'y avait plus trop de sens à tout ça. Plus d'objectifs particuliers. Que je sois troisième mondial, c'était anecdotique. Parce qu'à l'intérieur de moi, ce n'était plus pareil. Je jouais, je voulais m'amuser un peu quand même. J'aimais bien la vague qui me portait, le show, mais gagner n'était pas une obsession. Ce n'était plus une question de survie.

« Une fois que tu as la bagnole qui va bien, une fois que t'as offert une bagnole à Hagel', une fois que t'as offert une maison à ta mère, une fois que t'as gagné pour toutes ces raisons, pourquoi tu te réveilles le matin ? Pour gagner un peu plus d'argent ? Oui, c'est vrai. J'ai joué des tournois uniquement parce que j'avais des garanties. J'étais dans cette espèce de vague, j'étais toujours dans le haut niveau, mais il n'y avait pas ce truc… nadalien. Qu'est-ce qui le porte, lui, Nadal ? Pour être respecté par le milieu, les médias, le public, il fallait qu'il en gagne au moins quatre, des tournois du Grand Chelem, puisqu'il y avait des joueurs espagnols qui en avaient gagné déjà trois. Alors que moi, pour me faire un nom, devenir dixième mondial, c'était suffisant. Il fallait que je batte Tulasne et Leconte. Pas pareil… Quand j'ai gagné Roland, j'étais le dieu de la France. C'est cool, mais ce n'est pas facile d'aller t'entraîner quand tout le monde t'applaudit alors que toi, tu sais qu'aujourd'hui tu n'as pas assuré. C'était vraiment épuisant à l'intérieur. »

« 3 juin 1983,

Cher monsieur,

Bravo pour le merveilleux spectacle que vous nous donnez. Vous êtes un grand champion et nous sommes fiers de vous.
Vous avez opté pour la nationalité française ; par pitié, nous vous le demandons, coupez les crottes que vous avez sur la tête. Et puis c'est beau au Cameroun, mais pas ici. Il faut choisir et s'y tenir. Sans rancune. »

« 6 juin 1983,

Madame Noah (mère),

Nous avons regardé hier le tennis avec intérêt.
À partir de maintenant, vous devriez conseiller à votre fils pour être plus représentatif pour les Français, de se couper les cheveux à la brosse. Non pas toutes ces ficelles qui pendent sur le visage. Ça ferait plus propre, et il serait beaucoup plus à l'aise pour disputer les compétitions.
Mes amitiés. »

Chapitre 28

Bamboul'

La question piège, maintenant. Lui qui a adopté la coiffure et les couleurs rastas, pensait-il, comme le chanteur Bob Marley, que c'est un signe de révolte ? Un peu hésitant d'abord, Yann répond au journaliste du *Monde* qui l'interroge : « Rasta ? Ce n'est pas un truc violent. » Puis, en pouffant, il enchaîne, avec l'accent petit-nègre : « La musique, c'est le soleil. Les vacances, quoi ! »

« Bamboul' ». Ses meilleurs amis l'appelaient ainsi, que ce soit devant lui ou entre eux. C'était de notoriété publique. Ça ne le dérangeait pas. Et ça ne le dérange toujours pas.

En 1994, il existait toujours un zoo humain qui portait le nom de « Village de Bamboula » près de Nantes. En plus des animaux qui étaient en captivité, le directeur avait reconstitué un village peuplé d'Ivoiriens : des musiciens, des artisans et des enfants qui vivaient dans des cases à toit de chaume. Ils étaient embauchés par l'Office national du tourisme ivoirien, étaient payés un quatorzième de SMIC et dépourvus de toute protection sociale. À leur arrivée, on leur prenait leur passeport, « pour pas qu'ils le perdent ».

« J'ai tellement appris ce jour,
en perdant contre Yannick,
que je lui en serai toujours
reconnaissant. »

MATS WILANDER

Chapitre 29

We were the fucking Beatles

Phoenix, Arizona, avril 2022. Installé à la table d'un country club typique du sud des États-Unis, il a suffi de dire « Yannick Noah » à Mats Wilander pour qu'il appuie sur *play* et me parle pendant des heures.

De l'ancien joueur se dégage l'impression d'une rock star qui s'est rangée : il s'habille sobrement et ne porte plus ses bouclettes, qui avaient fait succomber la France lors de son premier sacre à Roland-Garros en 1982. Derrière ses yeux bleu-gris, je sens le feu qui s'est consumé. On est loin du Beatles qu'on m'a décrit. Il parle avec tendresse de Yann. Il le considère comme un mentor. Yannick n'impose pas, il inspire, emmène et dessine un chemin encore jamais exploré. C'est à la personne en face de décider de s'en saisir ou non. Souvent les gens le prennent. Mats fait partie de ceux-là.

« J'ai tout gagné. J'ai remporté quatre Grands Chelems avant mes vingt et un ans. Assez fou, non ? Je n'ai jamais vraiment appris à perdre, que ce soit sur le terrain ou dans la vie... Ma mère vient juste de mourir. J'ai réalisé à ce moment-là que je n'avais jamais vraiment pleuré quand mon père est parti. Quand je perdais des matchs de tennis, il m'est arrivé de pleurer parfois, mais pour moi, perdre était un soulagement. Ça me donnait l'opportunité de retourner au travail, de progresser.

« Sans le match avec Yannick, j'aurais été vide. Une personne d'un vide abyssal intérieurement. La finale de Roland-Garros contre Yannick est le seul match de ma carrière que je ne regrette pas d'avoir perdu. Il m'a rendu meilleur comme joueur et a créé une grande amitié. Il m'a surtout donné l'occasion d'avoir un regard différent sur la vie. Je suis suédois, calme et timide ; il n'était pas écrit que nous deviendrons amis.

« J'ai été quasi heureux de perdre. Parce que j'ai été heureux de vivre ce moment, avec les gens qui se ruent sur le court. Quand je regarde les photos aujourd'hui, cinquante personnes qui courent sur le Central, ça n'arrivera plus jamais ! Et puis son père qui saute de la tribune, Yannick qui me serre à peine la main. La façon dont le match s'est déroulé m'a appris à regarder la vie de façon beaucoup plus profonde. Je ne suis pas sûr que ça a été bon pour mon tennis, mais cela a contribué à faire l'homme que je suis devenu.

« Ce que nous avons en commun, c'est cette confiance que Yannick a, et que je possède aussi, qui vient à la fois du fait d'avoir gagné des matchs de tennis, mais aussi et surtout de notre éducation. Je me fous de ce que les gens pensent de moi. Ça a été et ce sera toujours le cas. Je préférerai toujours l'honnêteté, quand ça ne blesse personne, et je crois que pour Yannick, c'est pareil. Parfois, il parle trop, mais au moins il fait part de son opinion et c'est son inspiration, son sentiment du moment. J'ai passé quelques-uns des meilleurs moments de ma vie avec Yannick. Il se passait toujours quelque chose, avec beaucoup d'énergie… Aucun problème pour sortir ou pour rester debout très tard avec lui !

« L'année 1982 m'avait fait grandir énormément. Je dois jouer Gomez en demi de l'Open de Rome le samedi et Roland-Garros commence le lundi. Il y a une grève des avions et je sais que je vais devoir faire Rome-Paris en voiture. Sachant que j'ai dix-sept ans et donc pas le permis… Je gagne le premier set contre Gomez. J'ai l'impression qu'il balance le match, car il joue de façon très relâchée. Je me dis qu'il me le donne car, s'il se retrouve en finale, il ne pourra pas arriver à temps pour jouer Roland-Garros. C'était ma première demi-finale d'un gros tournoi. Je perds les deux autres sets. Je me dis : “Je suis trop con. Ces gars sont de vrais hommes. Ils sont là pour gagner de l'argent (il n'y en avait pas autant à l'époque).

Ce sont des choses sérieuses." Je perds, et me retrouve à l'arrière d'une Renault 5, avec ma petite amie de l'époque devant, et mon coach qui conduisait. On est arrivés très tôt à Paris le dimanche matin, vers 6 ou 7 heures. On s'installe au Sofitel, porte de Sèvres, et parce que je suis trop timide, mon coach appelle pour organiser mon entraînement du jour : "Je suis le coach de Mats Wilander, il a gagné Roland-Garros junior l'an dernier et il voudrait s'entraîner ce matin à 11 heures." Et voilà que je me retrouve à devoir m'entraîner avec Jimmy Connors sur le court central. Je me dis : "Mon Dieu, pourquoi Connors veut jouer avec moi ? Je ne l'ai jamais rencontré !" Il voulait jeter un œil au petit nouveau, j'imagine. On joue pendant trente, quarante minutes. Puis nous faisons des points, et je le bats. Je mène d'un break… Connors n'a aucun coach, juste un ami avec lui sur le bord du court, à qui il n'adresse pas la parole. Alors qu'on se croise au changement de côté, Jimmy se tourne vers moi et me dit : *"You fucking cock sucker."* Je ne sais pas s'il était sérieux ou s'il blaguait. Mais il m'a battu ! J'ai demandé à mon coach s'il avait entendu ce que Connors m'avait dit. Il m'a répondu : "Ne t'inquiète pas, c'est juste Jimmy Connors."

« Connors n'était pas mon idole, mais c'était Connors… Ces deux épisodes avec Gomez et Connors m'ont fait grandir d'un coup.

« À l'époque, nous étions plus célèbres que les joueurs d'aujourd'hui. D'abord parce que nous passions sur les plus grandes chaînes de télé de chaque pays. Il n'y avait pas de chaîne spécifique, pas de câble. Nous étions des énormes stars. Quand nous entrions dans un restaurant à Paris, c'était la folie ! Je pense qu'aujourd'hui les meilleurs joueurs sont plus célèbres que nous, mais pour les autres, c'est dramatique.

« Le début des années 1980 était un âge d'or de plein de façons. Les personnages étaient plus marqués, de Yannick à McEnroe en passant par Borg et Lendl… J'étais le plus jeune et je grandissais avec ces gars-là, qui m'appelaient "Junior" – et qui m'appellent toujours comme ça d'ailleurs. Quand on arrivait en ville, c'était comme si les Beatles arrivaient pour un concert.

« Les matchs, c'était la vie. Les matchs, et les sorties. Tu perdais ? Tu sortais. C'était un rituel. C'était toujours mieux de perdre tôt dans les tournois car il y avait beaucoup plus de joueurs pour sortir avec toi ! Perdre une finale, c'est nul, tu te retrouves tout seul. J'étais assez fou, non pas parce que je sortais tout le temps, mais parce que la période était folle. On voyageait beaucoup, et Internet n'existait pas. Donc, quand on débarquait aux États-Unis ou en Espagne, on ne savait pas où aller ni quoi faire. On se perdait dans les rues afin de trouver les meilleurs endroits. On n'avait même pas la télé dans la chambre. C'est pour ça que j'ai appris à jouer au golf ! Parfois, nous restions allongés sur le lit, dans notre chambre d'hôtel, à écouter de la musique. J'avais acheté des enceintes et une chaîne stéréo, je voyageais avec. Ensuite, j'ai commencé à prendre ma guitare et mon ampli avec moi. Je voulais me construire un studio dans ma chambre. Nous avions tellement plus de temps, à cette époque, pour vivre notre vie. Je ne suis pas sûr que ce soit bon pour faire une longue carrière, en revanche, ça a nourri et m'a permis de préserver ma passion pour le tennis.

« J'ai perdu ma motivation quand je suis devenu numéro 1 mondial, en 1988. Pourtant, ça n'avait jamais été un objectif dans ma vie. Et ça a d'ailleurs toujours beaucoup énervé Connors et McEnroe. Il est toujours fou de rage : "Tu maintiens toujours le fait que tu ne voulais pas devenir le meilleur !" Connors avait même dit publiquement : "Ce connard ne dit pas qu'il veut devenir numéro 1 mondial." C'est probablement pour ça que j'ai le pire record de tournois gagnés par rapport au nombre de Grands Chelems gagnés : j'en ai remporté sept et seulement vingt-six tournois. Je n'aimais pas jouer les plus petits tournois. J'aurais peut-être pu gagner un autre Grand Chelem, si j'avais continué à jouer un petit peu après le décès de mon père. J'avais vingt-six ans quand il est mort. C'était juste un an et demi après que je suis devenu numéro 1 mondial. C'était devenu trop important pour que je continue à jouer au tennis comme je le faisais avant. Là aussi, le “facteur Yannick” a été incroyablement important pour moi. Chaque fois que je suis sorti avec Yannick, il n’y a jamais eu de problème, et ça valait le coup à chaque fois. Quand tu voyages beaucoup et que tu sors, tu te poses toujours la question si ça vaut le coup. Avec lui, ça valait toujours le coup. Et pour ma femme aussi ! Elle me disait : “Va avec Yannick. Ce n’est pas grave si tu rentres bourré, tant que c’est avec lui.”

« Tous les ans, on a l’habitude de se retrouver avec le “comité” : Olivier Devismes (agent et gestionnaire de patrimoine dans le tennis), Diego Perez (ancien joueur de tennis uruguayen), Yannick et moi. Nous parlons de tennis, des joueurs, de Roland-Garros, etc. C’est possible avec Yannick et ce n’est pas possible avec d’autres. Sa disponibilité d’esprit est exceptionnelle. Peu importe ce qu’il fait, il est là à 100 %. Tu parles plus avec Yannick que tu ne le fais avec n’importe quel autre être humain.

« Nous avons un autre point commun avec Yannick, c’est la musique. J’avais créé un groupe, et nous étions partis en tournée grâce un sponsor de bière qui nous avait payé le *tour bus*. Nous avons joué vingt et un soirs en un mois avec quelques-uns des meilleurs musiciens de Suède. Je les avais rencontrés juste après avoir remporté Roland-Garros. Ils avaient joué avec Bob Dylan, mon idole…

« Il y a une humilité chez Yannick que j'apprécie énormément. On s'en fout d'avoir gagné Roland-Garros, on s'en fout d'avoir remporté sept Grands Chelems, ça ne veut rien dire tout ça. C'est une partie microscopique de nos vies. J'ai tellement appris ce jour, en perdant contre Yannick, que je lui en serai toujours reconnaissant. »

« Il m'a dit un jour
que je lui devais tout :
"Si j'avais fait l'inverse, c'est-à-dire
gagné contre toi et perdu contre
Leconte en 1988, tu serais à la rue,
en fait. Tu ferais moins le malin,
hein ?" C'est vrai, mais ça
ne s'est pas passé comme ça… »

YANNICK NOAH,
À PROPOS DE MATS WILANDER

Chapitre 30

Quand Yann parle de Mats

À l'évocation de Mats Wilander, une tendresse apparaît immédiatement dans les yeux de Yannick. Comme si on lui parlait d'un membre de sa famille.

« Il y a ce lien, un lien d'affection, qui pour lui est un peu compliqué, différent que pour moi. Parce que moi, il est sur ma photo. Mon heure de gloire, il y a Mats. Alors que lui, ses heures de gloire, je ne suis pas là, je ne suis pas sur sa photo. Souvent, les gens qui m'aiment bien, et qui ne connaissent que ma photo, pensent que son meilleur fait d'armes, c'est d'avoir perdu en finale contre moi. Il m'a dit un jour que je lui devais tout : "Si j'avais fait l'inverse, c'est-à-dire gagné contre toi et perdu contre Leconte en 1988, tu serais à la rue, en fait. Tu ferais moins le malin, hein ?" C'est vrai, mais ça ne s'est pas passé comme ça… *(Rires.)*

1983

« Dans une carrière, il y a beaucoup plus de leçons à retenir dans une défaite que dans une victoire. Il y a des défaites qui sont vraiment riches. Surtout si tu es à l'écoute. Le match contre Mats a été, sur le coup, très dur pour lui : perdre en trois sets, alors qu'il avait gagné l'année d'avant… Il était un peu favori. Et je l'ai dominé. Sa tactique, c'était de m'épuiser, de ne pas raccourcir les échanges et même essayer de les allonger, même s'il avait des opportunités d'attaque. C'était une erreur. Il l'a compris, puisque après il a changé son jeu. Il a travaillé, il a pris la balle courte et il est monté au filet, d'autant plus qu'il était très adroit, il jouait très bien en double. Enfin, il pouvait vraiment venir à la volée. Et là, il est devenu un bien meilleur joueur. Je lui ai rendu service en gagnant cette finale. »

« La veille, on est allés chez lui à Nainville. Son père nous avait appelés pour qu'on vienne lui parler de tout sauf de tennis. »

MICH' GRACH

Chapitre 31

Le jour de gloire

Nous sommes le dimanche 5 juin 1983 et la France se réveille comme elle se réveillera le 12 juillet 1998, avec l'excitation des grands jours, ceux durant lesquels l'histoire s'écrit. Ce jour-là, c'est la France tout entière qui tient la raquette. D'ailleurs, 11 millions de téléspectateurs sont devant leur poste et la une de *L'Équipe* ne se trompe pas : « 50 millions de Noah ! »

Le rêve commence par un cauchemar : cette nuit-là, dans son sommeil, Yannick perd. Heureusement, il se réveille, et il reste une finale de Roland-Garros à jouer. Comme pour les matchs précédents, il se rend au Racing Club de France dans la matinée. Il fait beau ce matin-là quand il arrive dans le bois de Boulogne. Il se libère de son cauchemar en le racontant à Hagel' et peut penser à sa finale. Il s'échauffe sur le court B, déjeune au snack de son club avec ses potes et va chercher les cafés.

Phitouss' se souvient : « Le jour de la finale, il a débarqué chez moi. On habitait boulevard Suchet. J'avais à l'époque un frère, Hervé, qui est décédé au mois de mars 2022, un garçon atteint de trisomie 21, que Yannick adorait, dont il s'occupait beaucoup. Il l'emmenait partout. Moi qui étais son tuteur légal, je ne pense pas lui avoir donné autant d'amour que Yannick. Tu ne peux même pas savoir ce qu'il a fait pour Hervé... Et le jour de son match, il déjeune à la Croix et il dit : "Je vais aller me féticher." Il est arrivé dans sa Mercedes 600 blanc nacré et est allé faire sa sieste d'avant-match dans le lit de mon frère, dans sa chambre, boulevard Suchet, à quatre minutes de Roland-Garros. Et on est tous repartis avec lui au stade. Roland, c'était notre maison. Pas besoin de pass pour aller là, puis d'un autre pour aller là, tu avais la place dans la loge, et puis c'est tout. On était copains avec les gardes du corps qui filtraient pour entrer dans les vestiaires ; ils nous connaissaient par cœur parce qu'ils étaient aussi les videurs de l'Élysée-Matignon. Donc, avec un pass, on rentrait tous. On s'est retrouvés à cent dans la loge... »

Fini de perdre, la France veut se défaire de cette *lose* qui la poursuit depuis Poulidor, Schumacher et Batiston. Quant à Yannick, c'est son moment. Chaque grand moment possède son arène ; ce sera le Central de Roland-Garros. L'endroit dont il a tant rêvé gamin. À l'époque, le court n'a pas de toit et il ne porte pas encore le nom de celui qui trahira Yannick juste après le tournoi. Lui est encore dans le vestiaire et rien ne peut lui enlever son rêve. Il a mis son polo préféré, le jaune. Celui qui aujourd'hui est dans un cadre chez son pote Moulinot.

Hagel' prend place dans la loge de la FFT, qui se trouvait à l'époque au premier rang de la tribune présidentielle. Il se souvient de l'entrée sur le court. Mats Wilander entre en premier, sac Rossignol à l'épaule, veste de survêtement bleue Cerruti sur les épaules. Yannick est derrière, avec une dizaine de raquettes sous le bras.

« Quand ils arrivent sur le terrain, les gens sont debout, l'ambiance dans le public est à la fête. Yannick est prêt, dans sa tête, à encaisser tout ça. Il l'a déjà vécu quand il a joué Lendl. Mais là, c'est une finale. Dans sa tête, il sait qu'il a le jeu pour battre Wilander. Il sait que son jeu va l'embêter. Il faut simplement qu'il reste Noah. »

En face, se trouve la loge de Yannick. Tous ses proches sont présents : Marie-Claire, Zacharie, Jill, ses sœurs, Nathalie et Isabelle, Phitouss', Moulinot, Bertignac, et Mich' Grach.

« C'était vraiment un public de connaisseurs, qui étaient très supporters quand Yannick jouait. Tu sentais qu'il y avait un soutien, des espoirs. D'ailleurs, l'ambiance était relativement lourde sur le court. Les supporteurs étaient vraiment derrière Yann, à fond, mais, un peu comme lors de la Coupe du monde 1998, il fallait que la France, qui n'arrivait jamais à gagner, gagne cette fois. Certains verrous avaient déjà sauté, avec Platini, Hinault, Prost, et comme le tennis était un sport éminemment international, la France avait cette réputation d'un beau jeu, mais qui ne gagne jamais. Donc il y avait une sorte de chape sur le Central. Yann a vraiment été très, très fort mentalement, parce que si moi je l'ai ressenti dans les tribunes, j'imagine lui… On n'en a jamais parlé, mais il a forcément dû le ressentir un moment donné. C'est peut-être pour ça qu'il a eu ses crampes à la fin. Je pense que le public a été à la fois un support, une source d'énergie, mais aussi une source d'angoisse. »

Yannick commence parfaitement son match. Mats en fait les frais.

« En 1983, j'ai gagné neuf tournois. Au moment où j'arrive en finale, je suis sûr que je vais gagner. D'autant plus en cinq sets. Oui, j'étais en surconfiance. Oui, cela explique pourquoi il m'a fallu tant de temps pour comprendre ce qu'il se passait. Il m'a manqué un certain esprit de combat. Je me disais qu'il allait monter au filet, que j'allais jouer des passing shots, quelques lobs et que ça allait le faire. Je n'ai pas assez préparé ce moment. Je n'ai pas projeté le public, la foule, l'ambiance. Je sortais juste du couloir pour m'échauffer. Je n'arrivais pas à me concentrer sur le travail que j'avais à faire, sur la balle qui arrivait et sur ce que je devais faire avec. J'étais focus sur Yannick, je le regardais faire, comme tous les autres spectateurs… Je tapais juste dans une balle de tennis, sans projet pour celle-ci. Ça a été un choc, un très gros choc. Ce n'était pas injuste, c'était juste comme ça. C'est la différence entre lui et moi. Je n'ai jamais ressenti que le public était contre moi. Ils étaient juste pour lui. Ça n'avait pas d'importance s'il allait gagner ou perdre, ce qui importait, c'est qu'ils allaient lui donner un soutien indéfectible. Je n'avais jamais vécu ça. C'était indescriptible. Je ne l'ai jamais vécu de nouveau ensuite. J'aurais même préféré qu'ils soient vraiment ouvertement contre moi. Peut-être que j'aurais pu me rebeller. Mais non. Ils étaient incroyablement tous pour lui, tout un pays. C'était trop pour moi. Depuis 1982, j'étais le chouchou de la foule. Enfin, je le pensais. Là, ils n'étaient pas contre moi, mais j'étais juste un spectateur de plus.

« Je savais qu'il allait venir au filet, mais j'ai été surpris par sa présence, son aura : soudain, tu as ce gars devant toi, qui est immense, avec ses muscles, ses cheveux… Juste énorme ! Ce mec est massif, et tu ne peux pas le lober. J'étais intimidé. OK, premier set, aucune chance. Il jouait avec cette intensité, cette passion je dirais. J'ai appris tellement en le regardant jouer. Spécialement dans ce match. Et puis le voir faire toutes ces prouesses techniques. Perdre contre Yannick m'a appris qu'il fallait avoir un plan. Et je n'avais pas de plan. Je prenais quand même du plaisir à jouer comme de la merde ! C'est lui qui me faisait jouer comme de la merde. C'est ce match qui m'a fait réaliser que tu devais avoir un but avec chaque coup que tu jouais. »

Wilander parle de tennis. Yannick ne se souvient que de quelques points, comme la balle de match.

« Je fais service-volée sur le coup droit, et puis je vois mon père qui explose. Il court… C'est de ça que les gens se souviennent, parce que le vrai truc, c'est pleurer de joie dans les bras de ton père. Qui a fait ça dans sa vie ? C'est rare. Tout le monde rêve de le faire. À travers ce moment, je suis devenu le fils, le frère de plein de gens devant leur télé, parce que les gens ont pleuré de joie. Pleurer de joie, c'est rare. Alors, dans les bras de ton père… À la télé en plus !

« Ce qui compte, c'est tout sauf le match. Ce qui compte, c'est ce qui vient après le dernier point. Ce qui compte, c'est l'émotion. Ce qui compte, ce sont les larmes de joie. Ce qui compte, c'est la tête des gens dans les tribunes, qui sont tellement heureux. Ce qui compte, ce sont les gens devant leur télé. C'est ça, qui compte. C'est pour ça qu'on pratique ce sport. Je ne pensais pas que c'était aussi fort, mais inconsciemment, quand tu visualises dans tes rêves le moment où tu gagnes la dernière balle de match et tu prends la coupe… Il y a un truc en plus, c'est l'émotion. C'est pour ça qu'on joue, c'est pour ça qu'on se bagarre, c'est pour ça qu'on s'entraîne tous les matins, c'est pour ça qu'on a des crampes, c'est pour ça qu'on se stretche, c'est pour ça qu'on va à la musculation, c'est pour ça qu'on transpire. C'est pour pouvoir avoir la chance de vivre ce truc personnel et pouvoir avoir la chance de le partager avec des milliers et des millions de gens. Ça c'est fabuleux. Ça, ça donne envie. »

Hagel' se replonge dans ses souvenirs.

« Yannick me tire, il me serre et me dit : "On a gagné !" J'ai toujours pensé une chose : en tant qu'entraîneur, tu dois avoir de l'humilité. Le champion, c'est le joueur, c'est lui l'artiste, l'être à part. Toi, l'entraîneur, tu apportes ta petite pierre à l'édifice. Tu l'accompagnes, mais le champion, c'est le champion. Mais lui te fait vibrer parce qu'il te dit "On a gagné !"... Comme une reconnaissance... C'est tout ce que Yannick a toujours été. Beaucoup de gens aiment bien dire : "Oui, Yannick aimait bien aller en boîte. Oui, Yannick ceci, Yannick cela." Mais Yannick, c'est aussi la générosité absolue, la reconnaissance. Il prend plus de plaisir quand il partage des choses, avec le public, avec sa famille, avec les amis, avec son staff. Quand il gagne, il sait que ça va me faire plaisir, ça va faire plaisir à Arthur Ashe, à toutes les personnes qui ont été autour de lui, à Jean-Paul Loth, à Patrice Beust, à qui il voue une grande admiration... Il partage avec toi, et ça, c'est fabuleux. »

« Un champion de Roland-Garros
se doit d'aller à Wimbledon.
— Un champion de Roland-Garros
ne se doit de rien du tout. »

YANNICK NOAH, EN DIRECT
À LA TÉLÉVISION, DANS UN SOURIRE,
À GÉRARD HOLTZ

Chapitre 32

Juste après

Une fois la coupe remise par René Lacoste, la folie continue. Il faut aller faire la fête. Elle s'organise, Moulinot est sur le coup.

« Après la victoire, après que Zach a sauté, que Yann a embrassé Hagel', qu'il est venu nous voir, je suis parti de Roland en larmes. Je ne pouvais pas retenir mes larmes, c'était atroce. Donc j'ai pris la Jeep et je suis allé au local de répète de Téléphone, aux anciens moulins, près de la porte de Pantin. Avec Louis [Bertignac], on a chargé le matos, on est partis à Nainville. Puis j'ai installé la batterie, les amplis et la sono près de la piscine, et on l'a attendu. Avec Louis, Jean-Louis, Corine… on était une bonne soixantaine. On marchait sur des nuages. »

Yann prend son temps au stade. Il s'arrête même sur le parking pour boire une bouteille de champagne avec Mabrouk Sgueni, le responsable des courts à Roland-Garros. Mabrouk l'a vu grandir.

Quand Yannick dormait dans une petite chambre dans le stade, Mabrouk vivait dans une loge sous le Central et l'invitait parfois à venir manger le couscous en famille. Hagel' a assisté à la scène.

« C'est là où tu te rends compte de l'humanité de Yannick. À l'époque, il y avait un parking, là où aujourd'hui il y a tous les studios de radio. Yannick était garé là. Après le match, il arrive avec une bouteille de champagne à partager avec tous les gars de l'équipe d'entretien, pour les remercier. Quand il vivait là, l'équipe d'entretien, c'était devenu la famille. Il y avait Mabrouk, les gars qui étaient dans les vestiaires, qui préparaient les terrains… Pendant tous les matchs de Yannick, ils étaient là, dans un coin, à pleurer de joie. »

Yannick prend toujours le temps pour la famille.

« Je me suis retrouvé seul dans Paris, j'ai rejoint le Rock and Roll Circus, et je me suis assis au bar, seul, pour regarder Yannick faire la fête avec ses potes. Je voulais comprendre d'où il tirait cette énergie vitale. »

MATS WILANDER,
DANS LA NUIT PARISIENNE
DU 5 JUIN 1983

Chapitre 33

Nainville, the place to be

Il existe une certaine mythologie autour de cette soirée du 5 juin 1983. Entre ceux qui disent qu'ils y étaient, ceux qui y étaient mais qui n'ont pas trouvé ça dingue, ceux qui pensent que c'était la meilleure soirée de leur vie, ceux qui n'ont fait que la première partie… Bref, il est difficile de recoller les morceaux de cette soirée folle. Qui y était ? Combien de temps a-t-elle duré ? Où sont-ils allés ? Peut-être même que les protagonistes brouillent sciemment les pistes. Il fallait y être. Tant pis pour nous. Je vous laisse vous faire votre idée.

Au début ils étaient soixante, ils finirent à cinq cents. Pour les potes proches de Yannick, ce n'est pas la soirée de l'année. Comme souvent, ils aimeraient le préserver, qu'il soit plus exclusif. Pas pour ne l'avoir que pour eux, mais pour qu'il s'épargne aussi un peu. Ils ont souvent l'impression qu'il leur échappe, lui qui prêche pour le moment et les gens présents.

Quelques légendes existent à propos de cette soirée. Celles-ci sont vraies : le groupe Téléphone a joué avec des câbles électriques qui passaient dans la piscine ; tout le village de Nainville était présent… Mats Wilander s'est renseigné pour savoir où la soirée avait lieu et voir comment Noah célébrait son titre, puis s'est rendu seul au Rock and Roll Circus, rue de Seine, la boîte de la dernière nuit de Jim Morrison à Paris. Il boit des bières au bar, et observe son bourreau du jour et ses potes en train de faire la fiesta. Le Suédois est en plein syndrome de Stockholm, fasciné par ce qu'il a vécu sur le court et ce qu'il est en train d'observer en dehors. Quelque chose lui échappait.

« Je suis allé voir un des potes de Yann pour savoir où il allait ce soir-là. Je me suis retrouvé seul dans Paris, j'ai rejoint le Rock and Roll Circus, et je me suis assis au bar, seul, pour regarder Yannick faire la fête avec ses potes. Je voulais comprendre d'où il tirait cette énergie vitale. J'ai bu quelques bières. Tout mon staff était à la maison. Je ne voulais pas sortir avec mon coach. Je voulais être seul, je voulais le regarder, sentir son bonheur, cette *vibe*. C'était la chose la plus importante qui m'était arrivée dans ma vie à ce moment-là. »

Mich' Grach n'a pas aimé cette soirée. Pour Moulinot, c'était quand même bien. Dès la qualification pour la finale, ils avaient prévu de faire une fête, quoi qu'il arrive.

« Après sa victoire contre Christophe, je lui dis que, quel que soit le verdict, on fera une fête après la finale. Mais j'ai un gros doute d'un coup : “Yann… et si ça se passe mal ?” Et là, c'est bien Yann, il me répond : “Surtout si ça se passe mal.” C'est un génie ! On a fait la fête pendant deux jours, sans stupéfiants tellement on était heureux et remontés. Tellement ce qu'on vivait était fort, on n'avait pas besoin d'alcool.

« À un moment, Yann nous a réunis Alain, Didier, Mich' et moi autour de son lit, dans sa chambre, et il nous a dit : “Bon, les gars, je voudrais vous dire : vous avez largement 10 % de Roland-Garros. Qu'est-ce qui vous ferait plaisir ?” Il n'y a que Yann pour dire ça. Je sais plus qui a sorti : “On va louer un bateau, on va se casser entre nous, on va faire la fête.” »

Et le lendemain matin ? Yann résume la situation au réveil.

« Le lendemain, la maison est pourrie, on a piqué des trucs. À Soisy, il y a un bar-tabac-journaux, je vais à moto acheter tous les journaux. »

« Fantastique Noah. »
Le Figaro, 6 juin 1983

« Les Sept Glorieuses. »
France-Soir, 6 juin 1983

« Le bonheur de Roland-Garros. »
L'Humanité, 6 juin 1983

« Évidemment mon cher Noah. »
Le Monde, 6 juin 1983

« Noah is beautiful. »
Libération, 6 juin 1983

« Une étoile est née ! […] La France est coupée en deux. La moitié pleure devant sa télé. L'autre moitié a les larmes aux yeux. »
L'Équipe, 6 juin 1983

« Notre amitié est indélébile.
On n'a pas besoin de se voir.
C'est un des amours-amis de ma vie. »

LOUIS BERTIGNAC

Chapitre 34

Bertignac

En enchaînant clope sur clope, Louis Bertignac m'a raconté son Noah. Pendant une heure et demie, dans le jardin de sa belle maison en pierre près de Fontainebleau, ses yeux brillent tandis qu'il évoque ses souvenirs. On est mi-juillet, ses bergers allemands, Laïka et Rio, courent dans le jardin.

« Quand on se rencontre, on était à l'apogée avec Téléphone. On avait commencé en 1976, on a arrêté en 1986. Donc en 1983, on était très connus. On n'était pas spécialement très bons, mais on était très connus. Yannick était fan. Je le savais. Il me l'avait dit. Il m'avait dit qu'il voulait faire de la musique, un jour, et ça me faisait marrer. Je n'y croyais pas du tout.

« On s'est rencontrés grâce à Moulinot. C'est un type assez extravagant, extrêmement sympathique, très marrant, assez cultivé. Dans mon livre, j'ai fait un paragraphe sur lui, parce qu'il le mérite. Il a un culot de dingue ; il approche les gens qu'il aime sans sourciller. Je l'ai rencontré avant d'être connu, au Bus Palladium, où il vendait des bonbecs. Je trouvais ça sympathique, donc on a sympathisé. Il est devenu pigiste, entre autres pour *Rock & Folk*, il rencontrait beaucoup de gens. C'est par son intermédiaire que j'ai rencontré Dominique Rocheteau aussi. J'ai toujours été fan de sportifs. Je ne suis pas un grand sportif mais j'aime les sportifs. J'aime cet état d'esprit de toujours se dépasser. Ça m'a toujours fait flasher.

« Yannick avait l'air extrêmement sympathique lui aussi. C'était un marrant, grand, déconneur. Mais je ne l'ai pas beaucoup connu avant sa finale. Je le voyais à la télé ; je voyais qu'il progressait, on espérait qu'il allait gagner un tournoi. Je crois que je l'ai rencontré juste un peu avant Roland-Garros, et donc j'ai été invité à la finale. Je l'ai vu courir dans les bras de son papa. Et évidemment, on était tous très fiers. C'est la France qui gagnait enfin. Parce que ce n'était pas 1998, on n'avait rien gagné à l'époque. À l'époque, on ne gagnait jamais rien.

« Puis on est devenus potes. À Nainville, le soir de la finale, Jean-Louis et moi, on a fait le bœuf. Yannick nous a dit : “Je vous aime, j'ai envie de faire de la musique.” Cela m'a fait marrer. Il faisait presque le roadie avec nous : il nous accompagnait en tournée et il aidait. Il essayait de se rendre utile. Il adorait ce milieu, c'était assez marrant. »

Bertignac voit des similitudes entre les artistes et les sportifs.

« C'est un peu la même chose : tu travailles un truc, que ça soit la guitare, le tennis, ou le foot. Tu es passionné par ça, tu veux devenir le meilleur et donc tu bosses comme un fou. Et tu aimes ça. Donc tu peux bosser une dizaine d'heures par jour. C'est ça qui fait les grands champions ; il ne suffit pas d'avoir du talent. La grosse différence, c'est qu'on n'a pas de compétition chez nous, les musiciens. La musique est un peu planquée, et c'est dommage. Quand tu es français et que tu as envie de battre un Ricain, eh bien tu ne peux pas. Alors que quand tu es tennisman, tu peux !

« Yannick fait partie de mes héros. Comme Keith Richards ou Eric Clapton. Mais ce que j'aime bien en plus, avec Yannick, c'est qu'il est sympa. Mes héros, Clapton, Richards, ils ne sont pas forcément très sympas. Ce que j'aime chez Yannick, c'est que non seulement c'est un héros, mais je le connais et il est sympa *(rires)*. Et il est foncièrement sympa. Ce n'est pas une attitude, il est comme ça.

« La dernière fois que je l'ai vu, c'était il y a quatre ans, à peu près. Il est venu au concert des Insus dans le sud de la France. Mais notre amitié est indélébile. On n'a pas besoin de se voir. C'est un des amours-amis de ma vie. Il est là [il montre son cœur]. Je n'ai jamais senti la moindre crasse, le moindre truc désagréable en lui. J'ai perdu des potes au fil des années ; des potes qui m'ont déçu. Lui, il est toujours égal à lui-même. Il est très *busy*, entre sa famille, le Cameroun, la musique. Et il a toujours été comme ça. Donc je ne l'appelle jamais. J'ai son numéro, mais je ne l'appelle pas. Pas besoin. On serait contents de se revoir. On se croisera. »

« Le lundi c'est exceptionnel ;
le mardi, c'est phénoménal ;
et le mercredi, plus rien. »

YANNICK NOAH

Chapitre 35

Les surlendemains

« Je voulais gagner Roland, parce que je voulais prouver que le petit gars du Cameroun peut gagner à Roland. Que là où tous les Français perdent toujours, le petit Français va gagner Roland. Que le rastaman va gagner Roland, que le négro va gagner Roland. Que, avec Hagel', on allait gagner Roland. Je voulais prouver que le petit Africain, le petit Bamboul' qui est arrivé à Nice à treize ans, il pouvait gagner Roland. Tout ça avait un sens. Il y avait vraiment quelque chose qui m'habitait et qui est complètement visible dans mon attitude. J'étais un môme de vingt-trois ans qui était en mission. Roland, c'était chez moi, à côté de chez les Phitouss', là où on avait joué les championnats de France en cadets, en juniors, là où il y avait Mabrouk, Danielle Bombardier… C'est là que ça devait se passer.

« Pour toutes ces raisons-là, c'est mon putain d'objectif. Et quand je m'en approche, je suis capable de tout arrêter pour rester concentré. Attention, c'est très dur : matin, midi soir, nuit, bouffe, tout. Mais je l'ai fait. Et quand je l'ai atteint, quand c'est arrivé, bien sûr j'ai continué à jouer, bien sûr je me suis entraîné, peut-être parfois plus qu'avant. Mais il n'y avait plus de sens. Continuer pour quoi ? Pour leur prouver que je peux en gagner deux ? Pour faire plaisir à Philippe Bouin ou à Judith Elian [deux journalistes de *L'Équipe*], à tous ces gens qui ont passé leur temps à essayer d'entretenir ce truc de *lose* ?

« J'ai atteint mon objectif, c'est parfait. C'est parfait parce que tout est aligné. Je suis totalement serein, je sais où je vais, je sais pourquoi je joue cette finale. Je suis un guerrier pacifique comme j'ai toujours rêvé d'être. Serein. »

« Et dès lors, je me suis baigné
dans le Poème
De la Mer, infusé d'astres,
et lactescent,
Dévorant les azurs verts ;
où, flottaison blême
Et ravie, un noyé pensif
parfois descend. »

« Le Bateau ivre », Arthur Rimbaud

Chapitre 36

Le bateau ivre

Juste après sa victoire historique en finale de Roland-Garros, Yann s'est fait suspendre en appel par Philippe Chatrier, à la fois président de la Fédération française et de la Fédération internationale de tennis. Il est suspendu quarante-deux jours et condamné à payer une amende 20 000 dollars pour avoir « séché » la Coupe du monde des nations à Düsseldorf.

Yann vit cette suspension comme une trahison. Il croyait Chatrier dans son clan, lui qui l'avait fait venir en France sur les conseils d'Arthur Ashe.

Et puis il n'en pouvait plus. Il avait réalisé son rêve et il n'était pas heureux. Passé la décharge d'adrénaline, plus rien. Il fallait tailler la zone.

« Tu kiffes. Et puis après, mercredi ou jeudi, sentence de l'appel, je suis suspendu. C'était une vraie injustice. Inconsciemment, je pensais qu'ils allaient me donner un sursis. Trois mois ; un mois et demi plus un mois et demi. Donc je prends un mois et demi. Je vais m'entraîner quand même, pour taper la balle. Mais m'entraîner pour un tournoi dans deux mois, c'était nouveau, je n'avais jamais fait ça. En plus du reste. C'est trop. *Too much*. Je décide de louer un bateau et de me barrer avec mes quatre meilleurs potes, Mich', Alain, Didier et Moul'. Et puis Louis, qui venait de temps en temps s'entraîner et faire des footings, et Corine [Marienneau] avec qui il sort à l'époque. Et puis Paolo.

« Je m'apprêtais à faire quelque chose que je n'avais pas fait depuis dix ans : prendre des vraies vacances. Sur un bateau. Police avait sorti un album qui s'appelle *Synchronicity*. Louis avait la cassette. Sur le pont, avec sa guitare et ses petites enceintes, il a travaillé tous les morceaux, et au bout de trois jours, on chantait “Every Breath You Take” à tue-tête. Voyage de rêve. »

Avant que je quitte Louis et sa jolie maison près de Fontainebleau, il est allé dans son bureau chercher son ordinateur pour me montrer les films Super 8 de l'époque. On y voit une bande de potes sur un bateau.

« Yannick a loué un bateau. J'ai numérisé huit films tournés sur le bateau. Très marrant. Avec Paolo César, Grach, les Phitoussi, Moulinot, Corine. C'était un peu la déglingue totale, sur le bateau. J'étais le plus sage. J'étais le rockeur et j'étais le plus sage de tous ! Ils se couchaient quand je me levais. Je me levais à 7 heures du matin, ils allaient se coucher. Moi, je me faisais chier, j'étais tout seul, donc je pêchais. Il y avait plein de poisson. »

Sur les Super 8, on voit la bande se balader dans les rues de Nice. Phitouss', torse nu, asperge les passantes qui lui plaisent avec un pistolet à eau. La scène suivante, on le voit en train de discuter avec l'une d'entre elles. La scène d'après, on la voit en train de rire aux éclats et monter sur le bateau avec Alain, suivi de près par Yannick qui porte les sacs de courses…

« La blague la plus drôle, se souvient Mich' Grach, c'est quand on a voulu passer en Corse et qu'il y a eu une tempête monstrueuse. On sort de boîte à Saint-Tropez, à 5 ou 6 heures du matin, et on s'est dit : on ne se couche pas, on prend le bateau, on pionce, on se réveille et on est en Corse. Sauf qu'au bout d'une heure de traversée ça tape de partout. Le capitaine descend et accroche les télés, le mobilier… Je rentre dans les toilettes, où je tombe sur Didier Phitouss' qui vient de vomir. On est tous en vrac. Je monte voir Bamboul' qui était gris-blanc dans son lit immense. Je lui dis qu'il faut faire demi-tour. Lui, avec son côté borné, refuse. Il a fallu que le capitaine s'en mêle pour qu'on rebrousse chemin et accoste à Cannes. Pendant douze heures, on a fait croire à Paolo qu'on était en Corse ! Et c'est affreux, mais qu'est-ce qu'on a ri. Vers minuit on lui a avoué la vérité. Il nous a fait la gueule pendant deux jours… »

« Noah prend la fuite. »
L'Équipe

« 54 millions de Noah trahis par Noah. »
Le Monde

« Tu sais papa, j'en ai marre de tout ça. J'étouffe un peu.
— Ah non ! Si tu ne voulais pas de ça, tu n'avais qu'à perdre à Roland-Garros… »

Zacharie et Yannick Noah

Chapitre 37

New York

Noël Mamère, qui présentait le JT à l'époque, annonce sur Antenne 2 que Noah a le spleen. Il est dépressif. Grosse dépression. Plus de rêves. Plus de raison de se réveiller le matin. Le 6 décembre 1983, Yannick l'exprime lui-même lors d'une conférence de presse qui lui échappe. Il n'arrive pas à le faire comprendre, mais il étouffe. À cette période, il lui arrivait de marcher seul la nuit dans Paris. Un soir, sur le pont de l'Alma, il envisage le grand saut. Il faut donc qu'il se barre. Pour aller où ? Ce sera New York. Dans le loft que lui trouve Moulinot, qui vit déjà là-bas, à Soho. Comme souvent avec Yannick, la vie est une question de timing. Pourquoi New York ? Mats Wilander nous éclaire.

« Quand Yannick arrive à New York, je me dis cool, un autre gars avec qui j'ai des choses en commun qui vient vivre ici. J'étais bien dans ma vie à cette époque-là. J'ai vingt-trois, vingt-quatre ans, et j'ai épousé une femme qui vient d'Afrique du Sud et qui est mannequin. Yann est avec Cécilia, qui était aussi mannequin. D'ailleurs, Sonia, ma femme, a travaillé avec elle.

« On se retrouvait tout le temps dans le même resto, le Guignol's, dans le bas de Soho. On passait beaucoup de temps ensemble, on jouait de la musique. Et si nous n'avions pas joué ce match, nous n'aurions jamais fait tout ça. Yannick m'a apporté un appétit pour la vie énorme. »

Yannick nous explique les circonstances de son départ.

« On est vers septembre, octobre. Après l'US Open, je décide de rester à New York. C'est une des meilleures décisions de ma vie. Si je n'avais pas fait ça, je n'aurais pas eu un fils joueur de NBA. Je n'aurais pas rencontré ma femme. Je me serais complètement perdu ici, en France. Parce que… *Survivre quand t'as gagné pour les nuls*, ça n'existe pas. Ou en tout cas pas en 1983. Qu'est-ce que je dirais aujourd'hui, à soixante-trois balais, au Yann de vingt-trois ? “T'as bien fait de te barrer.” »

« J'ai joué au tennis,
et puis j'ai chanté.
Si c'était à refaire, je jouerais
au tennis, et je chanterais. »

YANNICK NOAH

Chapitre 38

Olympia, 12 décembre 2022

Son nom en lettres capitales rougit le boulevard des Capucines. Trois soirs durant, Yannick va remplir l'Olympia. Dans sa vie, il aura connu les plus beaux courts de tennis du monde et rempli les plus beaux lieux de concert de France. « J'ai joué au tennis, et puis j'ai chanté. Si c'était à refaire, je jouerais au tennis, et je chanterais », dit-il à la fin de son concert au public.

Chanter, c'est son premier choix d'adulte. Quand on décide de vouloir être champion de tennis, on la prend jeune, cette décision, et pour plusieurs raisons : une influence familiale, une passion. Mais ce n'est pas réfléchi.

En musique aussi, il a commencé petit, fait ses gammes. Il joue avec le même groupe depuis ses débuts. Là aussi, il est fidèle. Puis il a rencontré Éric Benzi et Robert Goldman. C'est lui qui a écrit les chansons qui ont fait le succès du chanteur Noah, à part « Saga Africa », « une blague qui a dégénéré ». Les gens chantent encore ses chansons aujourd'hui. Robert est discret : c'est un Goldman.

« Ça fait maintenant trente ans que je chante, et je sens une salle dès que je suis derrière le rideau. Ce soir, en arrivant, j'ai senti tout de suite que ça allait être le feu. Que j'allais pouvoir les faire monter quand je voudrais. »

Yann joue vingt-deux chansons ce soir-là. Le public en connaît dix-neuf par cœur et se lève dès la deuxième pour ne plus se rasseoir. À trois rangs de la scène se trouvent Jenaye et Eleejah, les filles qu'il a eues avec Heather. Un peu plus loin, Joalukas, en tee-shirt Bob Marley, est venu avec une dizaine de potes. Pendant la chanson « Simon Papa Tara », il se passe quelque chose de différent. Yannick est habité. Il a les yeux mi-clos. Il fait des gestes vers le ciel. Cette chanson raconte la vision de son grand-père dans sa chambre ce matin-là. Il croit chaque mot qu'il prononce. Ses enfants aussi. « Le Noah de fer africain ». Ils y croient tous. Ils se croient tous exceptionnels parce que « Noah ». Pendant la chanson, ils sont transcendés par cette même énergie. Eux aussi regardent le ciel. Eux aussi sont des Noah.

On se retrouve dans l'atrium après le spectacle. Il boite, une vessie de glace sur le genou. La « famille » du tennis français est là : des anciens joueurs de Coupe Davis, des dirigeants. Il a un mot sympa pour tout le monde. Il sait faire ça aussi. Pas semblant, mais presque. Il nous invite dans sa loge. Phitouss', son pote de toujours, est là. Il est chaque fois subjugué par Yannick sur scène.

« On a passé notre vie à voir les Bob Marley, les U2 ou les Rolling Stones, on les a vus mille fois, on ne manquait pas un concert, on déboulait backstage… Et un jour, Yann te dit : “Je vais chanter, et je vais faire le Stade de France.” Et il fait le Stade de France ! Alors qu'il ne sait pas jouer de la guitare, et qu'il ne sait pas chanter comme Bruel ! C'est un exemple. Oui, c'est un exemple. »

Ça danse, ça boit, ça fume. Yannick regarde ses filles et son fils danser et ça le rend heureux. Elles regardent leur père faire de grandes choses, et elles sont fières, malgré l'habitude.

« Yannick, il va falloir rentrer, on ferme.

— Yes, frérot, cinq minutes et on y va. »

Ça fait une heure que ça dure cinq minutes. Il n'a pas envie que ça s'arrête. Il est 2 heures du matin et il porte une djellaba bleue. Dessous, il est cul nu. On le sait puisqu'il nous l'a montré dans sa loge. On se trouve finalement au Moulin à Café, le seul restaurant encore ouvert à cette heure, rue Caumartin. C'est par là que sortent les artistes. L'endroit allait fermer, et puis, pour Yann, il est resté ouvert. Jenaye et Eleejah s'occupent de la musique. Joalukas est toujours là aussi. Ils ont commandé des rhums et des whiskys pour tout le monde. Yann a demandé tous les croissants de la veille puisqu'il ne restait que ça à manger. Il est avec sa nouvelle compagne, qu'il surveille. Trois hommes finissaient leur digeo quand nous sommes arrivés. Ils en ont repris un, du coup. Ils ont la soixantaine, comme lui. Aviné, l'un d'entre eux dit à Yannick : « Je savais pas qu'il avait perdu 40 kg, Serge Blanco. » Yannick efface le malaise d'un sourire, comme il l'a fait toute sa vie.

Avant de partir, la patronne est descendue. Il l'a fait danser, elle et ses quatre-vingt-dix ans. Lui et ses soixante-deux ans.

Yaoundé, janvier 2023

« Tu as vu comme c'est beau ? Ça, tu gardes. » C'est ce que lui a dit son père la dernière fois qu'ils ont discuté sur la terrasse de la maison qui domine le village, avant qu'il parte.

Yann est le chef de village depuis la mort de son père. Il s'occupe d'arranger les problèmes des gens qui vivent dans son quartier, d'utiliser ses contacts pour faire que la vie des habitants soit plus douce.

Il aime le fait que le temps s'arrête là-bas.

Il a soixante-trois ans. Il a sorti un nouvel album, *La Marfée*, et vit la plupart du temps au Cameroun. Il a un appartement à Montmartre. Il est tombé amoureux, à nouveau. Il s'essaye au cinéma. Il reste dans l'urgence du moment. Il ne sait faire que ça.

Il est chanteur de tennis, comme il aime le dire. Il est né de l'amour d'un Noir et d'une Blanche. Il est père (cinq fois) et grand-père (trois fois). En tant que capitaine, il a remporté trois Coupes

Davis et une Fed Cup. Il a gagné vingt-trois tournois dont une fois Roland-Garros. Il a été troisième mondial. Il a vendu plusieurs millions d'albums, fait la tournée des Zénith et a même rempli le Stade de France. Il vient d'acheter un club de foot au Cameroun. Il est français et camerounais. Il n'a pas besoin de choisir. Il vit à sa façon, comme il jouait au tennis, avec style.

« Attaquer, c'est un style de jeu, mais c'est aussi un style de vie. Prendre des risques, c'est un style de vie. Mettre tout sur le rouge, c'est un style de vie. Se casser du Cameroun pour aller en France, c'est un style de vie. Être joueur de tennis dans ce monde-là, c'est un style de vie. Arrêter tes études avant la terminale, c'est un style de vie. Dire à Jean-Paul Loth qu'il aille se faire enculer quand je veux arrêter l'école, que je veux être professionnel, alors qu'il est directeur technique national, c'est un style de vie. Passer de joueur à capitaine de l'équipe de France trois jours après, c'est un style de vie. Être chanteur après tout ça, c'est un style de vie.

« Ça se voyait sur le terrain, parce que j'allais chercher les points, au filet souvent, c'était spectaculaire. Un échange qui dure quarante balles, c'est chiant. Même si ça tape de plus en plus fort ! Au moins, les échanges étaient courts, avec moi. Les gens s'éclataient un peu. Ce style de jeu n'existe plus. Je crois être le dernier à avoir gagné Roland à la volée. Avant moi, celui qui attaquait, c'était Adriano Panatta, je crois. C'était sympa de voir les joueurs plonger, faire des lobs, monter à contre-temps. Avant chaque point, tu ne savais jamais ce qu'il allait se passer. Aujourd'hui, c'est boum, boum, dix centimètres dedans, dix centimètres dehors. Les gars sont devenus très, très forts, mais c'est chiant. C'est le jeu qui est chiant, ce ne sont pas les gars.

« Quant à mes tenues… Bien sûr que c'est plus joli avec un poignet coloré. J'avais le choix d'en mettre un blanc, comme tout le monde. De mettre une tenue blanche, comme tout le monde. De me couper les cheveux comme tout le monde. Mais moi, je ne suis pas comme tout le monde, depuis le début, donc si j'ai envie d'être sur le court et de ressembler à Bob Marley, je le fais. Donc je choisis de mettre une perruque rasta. Parce que comme je suis, là, je me sens comme chez moi.

« Aujourd'hui, je suis en retraite, je suis en roue libre. Je fais des trucs dans mon village, au Cameroun, je vais me prendre un club de foot. Je profite de chaque jour, maintenant. Plus d'ambition à long terme ; même pas à moyen terme. Soixante-trois ans. Ça va vite. Mon corps a soixante-trois ans, mais dans ma tête… Dans quelques années, on va me retrouver avec des tubes dans le corps. Alors j'en profite. »

Playlist

Ces musiques sont celles de Yann à différents moments de sa vie et pour différentes raisons.

Les Poppy's, quand il avait treize ans à Nice :
– *Non non rien n'a changé*

Jimi Hendrix. Il avait peint sa chambre en noir comme lui. Premier album que son père lui a offert, avec :
– *Voodoo Child*
– *Are You Experienced ?*

Rolling Stones, qu'il reprend régulièrement lors de ses concerts et ses bœufs :
– *Under My Thumb*
– *Sympathy for the Devil*
– *Satisfaction*
– *Paint It, Black*
– *Let's Spend the Night Together*

Hervé Cristiani. Un de ses amis avec qui il est monté sur scène. Disparu en 2014 :
– *Il est libre Max*

David Bowie :
– *China Girl*

James Brown. « Il a tout appris à Michael Jackson » :
– *It's a Man's Man's Man's World*
– *I Got You (I Feel Good)*

Les Doors. Il a fêté son titre à Roland-Garros dans la boîte, le Rock and Roll Circus, où Jim Morrison est mort :
– *Riders on the Storm*
– *Break on Through*
– *Light My Fire*
– *People Are Strange*

Diana Ross :
– *Ain't No Mountain High Enough*
– *Upside Down*
– *I'm Coming Out*

Bob Marley. Pour Yann, par sa spiritualité et sa hauteur de vues, c'était le plus grand :
– *Buffalo Soldier*
– *Three Little Birds*
– *Redemption Song*

– *Everything*

Téléphone, ses potes. La première de Jean-Louis Aubert le rend fou à chaque fois :
– *Temps à nouveau*
– *La Bombe humaine*

Mats Wilander. Sa discographie complète :
– *Doomsday Child*
– *Snakebite*
– *Story of You*
– *När man har funnit glädjen*
– *Going Home*

Stevie Wonder :
– *Superstition*
– *Signed, Sealed, Delivered*
– *For Once in My Life*
– *Sir Duke*

Randy Newman :
– *Rednecks*

Bob Seger :
– *Old Time Rock & Roll*

Jacques Brel à l'Olympia en 1966, l'une de ses références sur scène.

Remerciements

Ce livre n'a été possible que grâce à l'accumulation d'aides et d'amitiés que j'ai eu la chance de recevoir. Il faut bien sûr commencer par Yannick. C'est un honneur et un privilège que d'avoir commis tout cela avec lui. François Verdoux a grandement contribué à ce que Yann m'accorde sa confiance. Je l'embrasse ici.

Et puis, il y a les personnages principaux de cette histoire qui m'ont confié un bout de leur temps et de leur vie : Alain Phitoussi, Michel Grach, Moulinot, Louis Bertignac, Mats Wilander, Christophe Roger-Vasselin, Patrice Hagelauer, Josy du Bus…

Il y a aussi les gens qui étaient là à ce moment bien précis, et qui m'ont donné des éléments de contexte importants pour tenter de mieux comprendre cette époque. Je garde un souvenir ému de chaque rencontre. Ils se reconnaîtront.

Il y a ceux qui ont aidé de façon « logistique », et qui sont bien sûr tellement plus. Julien Cassaigne, pour m'avoir livré Mats Wilander sur un plateau, une fin d'après-midi à Phoenix. Laurent Aknin, pour m'avoir permis de rencontrer le formidable Guillaume Robert de la maison Flammarion. Guillaume Robert, pour avoir fait la rencontre de Laurent Aknin il y a quelques années, mais surtout pour son soutien indéfectible. Virginie Plantard, pour son aide précieuse quand je n'y voyais plus très clair. Amanda Sthers, pour ses conseils avisés au début de ce projet.

Pour finir, les gens que j'aime. Mes parents, mon frère, et mes sœurs, qui m'ont entouré à chaque instant, dans les bons comme les mauvais (et il y en a eu quelques-uns…).

Et puis mes amis proches qui m'ont aidé à tenir debout quand le doute s'installait, et surtout à traverser quelques accidents de vie durant l'écriture du livre : Nico, Oliv, Cyril, Oliv, Tasia, Alex, Émilie, Alix, Lucas, Mathias, Clémence, Totor, Hugues, Julien, Lolo, David, Sarah… Sans vous, cet objet n'existerait pas. Et je serais moins heureux. Merci.

Antoine Benneteau

Table

1983

Cet ouvrage a été mis en pages par

<pixellence>

CET OUVRAGE
A ÉTÉ ACHEVÉ D'IMPRIMER
SUR ROTO-PAGE
PAR L'IMPRIMERIE FLOCH
À MAYENNE EN AVRIL 2023

N° d'édition : 447928-0. N° d'impression : 102517
Dépôt légal : mai 2023
Imprimé en France